青春文庫

みるみる相手をクギ付けにする

雑談のネタ本

話題の達人倶楽部［編］

青春出版社

人を惹きつける究極の雑学本!!

もし雑談が弾まないのであれば、いちばんの理由は、話題が乏しいこと。いつも同じような話をしていては、相手をうんざりさせるだけです。

一方、「話が面白い！」といわれる人は、話のネタをたえず仕入れておき、相手の興味に応じて適切なネタを繰り出していくものです。

そこで、本書には、世の中の裏事情、しきたり、ことば、歴史、地理、食、スポーツなど、あらゆるジャンルの「雑談のネタ」を集めました。いずれも、話し相手に興味をもってもらえるネタぞろい。たとえば、

居酒屋の店先にぶらさがる茶色い球はなんのため？

ネットニュースの見出しが13字なのは？

お寺の料理といえば、お粥が出てくるのは？

「新」のつく駅でもっとも古い駅は？

ペペロンチーノってどういう意味？

という具合です。「みるみる相手をクギ付けにする雑談のネタ」をどしどし仕入れて、ビジネスでも世間話でも、コミュニケーションの〝潤滑油〟として、ご活用いただければ幸いに思います。

２０１６年8月

話題の達人倶楽部

みるみる相手をクギ付けにする　雑談のネタ本・目次

1　社会・暮らし　22

3 業界・仕事　102

4 しきたり・文化 139

8 サイエンス 221

9 ことば 252

10　人体・健康　277

12 植物 350

◆カバー写真
jesadaphorn/shutterstock.com
◆本文写真
sumkinn/shutterstock.com
©mayrum-Fotolia.com
◆DTP　フジマックオフィス

1 社会・暮らし

トイレットペーパーの幅はなぜ114ミリ？

　トイレットペーパーの幅は、ＪＩＳ規格によって１１４ミリと決められている。なぜ１１４ミリかというと、この幅はアメリカの基準サイズにならったもの。アメリカでは、トイレットペーパーの幅は４・５インチと決まっていて、これをメートル法に換算すると１１４ミリになるのだ。

　アメリカと同じサイズにした理由は、日本でトイレットペーパーをつくりはじめた当初、日本には製造技術がなく、機械自体をアメリカから輸入していた。そのためアメリカ人が使うものと同じサイズになったのである。

雨で中止になった花火大会で、残った花火はどうなる?

屋外で行われる花火大会は、雨が降れば中止になる。すると、使われなかった花火は、その後どうなるのだろうか?

次の花火大会で打ち上げるわけではなく、残った花火の大半は解体され、処分される。そもそも、打ち上げ花火は、花火玉を鉄製の筒に入れて打ち上げるが、花火玉を入れる筒には覆いがなく、雨が降ると濡れてしまう。湿気てしまうと、上空で開かず落下したり、暴発する危険があるため、二度と使えなくなってしまうのだ。

時間が経つと、レシートの文字が消えてしまうのは?

家計簿をつけるときなど、レシートの文字が消えていて、困ることがある。時間がたつと文字が消えるのは、レシート用紙の特性によるものだ。

レシート用紙に多用されている感熱紙は、紙の表面に色素を含んでいる。その色素は加熱されると、黒く変化し、数字などの文字として現れるのだ。

感熱紙タイプがレジで多用されている

のは、インク代がかからず、普通紙よりも安上がりに印刷できるから。ただ、感熱紙は光や熱に弱く、文字が薄れやすいという弱点があるのだ。

整形手術した人は、パスポートの写真を替えている？

整形手術を受けたときは、パスポートの写真を貼り替える必要はあるのだろうか？

美容整形で顔がどんなに変化しても、法的には写真を貼り替える義務はない。ただ、出国審査のさい、職員によって止められるケースはありうる。

そのため、整形手術で顔が大きく変わったときには、パスポートを申請し直したほうが、いろいろなことがスムーズに進むはずである。

ボトルを凍らせ、「固体」にすれば機内に持ち込める？

旅客機に「液体」を手荷物として持ち込むことに規制が加わり、いま成田空港では、１日１５００本以上のペットボトル飲料が没収されているという。なかには、ペットボトル飲料を凍らせて「固体」として持ち込もうとする人もいるというが、溶ければ液体になるものは認められないので、これも没収の対象となる。

いま、旅客機に液体を手荷物として持

ち込むには、100ミリリットル以下の容器に入れたうえ、ジッパーつきの透明な袋に入れなければならない。

違法駐車のクルマにぶつけても弁償の必要はあるの？

駐車禁止の場所に違法駐車しているクルマに、うっかりぶつけてしまったら、その責任はどうなるのだろうか？

駐車禁止の場所に停めているから、そんな事故が起きるわけで、ぶつけた側には責任はなく、弁償する義務はないようにも思える。ところが、法的には、そうした解釈は成立せず、ぶつけて損傷を与えれば、賠償責任が生じる。

もっとも、駐車違反側にも、責任がないわけではない。そこで、ぶつけた側の過失は相殺され、全額負担にはならないことが多い。相手の過失の度合いによって、5割負担になったり、7割負担になったりする。

自販機のボタンを全部押したら、何が出てくる？

自販機のボタンはコンピュータ制御され、押されると瞬時に検知する。だから、人間が複数のボタンを同時に押したつもりでも、力の加減で一瞬でも早く押されたほうのドリンクが出てくる。

では、仮に完全に同時に複数のボタン

を押すことができたとしたら、何が出てくるのだろうか？

その場合も2本出てくることはなく、上段の左側の商品が出てくる可能性が高い。多くの自販機のボタン検知は、上段の左側からはじまり、隣のボタンへと順番に検知するシステムになっている。完全に同時にボタンが押されたとすると、最初にコンピュータが読みとった上段の左側のボタンが優先され、そこに入っている商品が出てくる可能性が高い。

輸出入禁止のゾウが、サーカスで世界中を回れるのは？

ゾウは、アジアゾウ、アフリカゾウとも、ワシントン条約で輸出入が原則禁止。ところが、サーカス団の一員として世界中を回っているゾウもいる。輸出入禁止のはずのゾウが〝出入国〟できるのは、〝タレント〟として短期滞在が認められているからである。

飛行機で運ばれてきたサーカスのゾウは、輸入ではなく、興行目的の一時入国という扱いになる。契約期間が切れれば、帰国させるか、滞在延長の手続きをとればよい。

母の日はカーネーションだが、父の日に送る花は？

5月の第2日曜日の「母の日」には、

母親にカーネーションを贈る習慣がある。

　では、6月の第3日曜の父の日には、どんな花を贈ればいいのだろうか？

　バラである。そもそも、父の日は1909年（明治42）、ソノラ・スマート・ドッドという女性が、教会の牧師に頼んで、父のために礼拝してもらったことがルーツとされる。

　それ以前、母の日はすでに制定されていたので、彼女は「母の日があるなら、父の日もあっていい」と、父親の誕生日だった6月に、教会で亡き父に感謝の気持ちを捧げたという。そして、翌年の6月19日、父の日の祝典が開かれた際、父親の墓前に供えられたのがバラの花だったことから、父の日にはバラを贈る習慣が生まれた。

　その後、1966年になって、アメリカで、正式に6月の第3日曜が父の日と定められた。

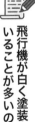

飛行機が白く塗装されていることが多いのは？

　旅客機が基本的に白く塗られるのは、もともとは機内の温度上昇を防ぐためだった。

　昔の旅客機はエアコンの性能が高くなかったため、夏場、機内に乗り込むと、暑苦しく感じることがあった。そこで、機内温度をなるべく上げないため、太陽光線を反射する白色に塗装されることになった。

現在は、エアコンの性能が上がったので、機体を白色に塗装する必要はなくなり、ＬＣＣを中心にカラフルな塗装を施した機体が増えている。

外国のドアは内側に、日本のドアは外側に開くのは？

外国のドアが内側に開くのは、中にいる者を守るためといわれる。暴漢などが押し入ろうとしても、内開きなら、バタンとドアを閉めやすい。一方、日本式だと、外から力づくでドアの把手を引っ張られて侵入される危険性が大きくなる。

また、プライバシーを守るためにも、外国式が適している。たとえば、トイレのドアに鍵をかけ忘れて用を足していて、不意にドアを開けられたとする。そのとき、外国式の内開きなら、ドアを押しかえして閉めることができるが、日本式では、ドアの把手に手が届かないので、閉めることはできない。

また、日本の住居の場合、玄関の床が少しドア側に傾斜しているため、内開きにすると、ドアが途中で引っかかってしまうのだ。床に傾斜をつけてあるのは、湿度の高い日本では、床をすこし傾斜させて、水はけをよくするための知恵だ。

人を殺しても、無罪になるケースとは？

人を殺しても、まれに無罪となるときがある。

よく知られているのは、正当防衛に当たるケースだ。

たとえば、暴漢に襲いかかられたとき、相手に足払いをかけたところ、ころんだ相手は頭を打ち、息をひきとったとする。そういうケースも、相手を殺したことにはなるが、正当防衛が認められる可能性が高い。

また、過失で人を殺してしまった場合も、無罪になることがある。たとえば、階段で人とぶつかり、相手が転落、打ちどころが悪くて命を落としたというようなケースだ。過失致死に問われるかもしれないが、その罪は殺人や傷害致死よりもはるかに軽い。

風俗店が家宅捜索されたら、お客はどうなる？

風俗店でサービスを受けていたら、突然、店が警察の家宅捜索を受けた。そんなときでも、客が逮捕されることはまずない。

店が警察に摘発されるのは、風俗営業法に違反しているケース。その場合、逮捕されるのは経営者であり、客が逮捕されることはない。

売春防止法は、体を「売る」側の人間を対象とし、「買う」側の人間への罰則規定はないからだ。

事情聴取として、住所や名前を書かされたりするが、家族や職場などに連絡されることもない。

ただし、相手の女性の年齢が、18歳未満の場合は話がちがってくる。児童売春などを禁じる法律に抵触し、立件される可能性が出てくる。

偽ブランド品と知って、ネットで落札したらどうなる？

たとえば、本物と思って落札したブランドのバッグが偽物だった場合は、落札者は警察に相談に行ったほうがいい。落札者に落ち度はないので、罪に問われることはない。

一方、出品時から明らかに偽ブランドとわかっていて落札した場合はどうなるか。

偽ブランド品を出品する行為は、商標権の侵害となるが、落札する行為は商標法上の問題にはならないだろう。

ただし、出品者が警察の捜査対象になった場合は、落札者が参考人として事情をきかれることはありうる。

男性用公衆トイレで、女性が用を足すのは法律違反？

公衆トイレには、ときどきおばちゃんが出没する。女性用トイレが満員になっているとき、男性用トイレに入って、用を足すおばちゃんがいるのだ。居合わせた男性は気まずい思いをすることになるが、これをとがめる法的根拠はない。公衆トイレが男女別に分けられていても、それは法律が定めたものではないからだ。

ただし、その逆となると、話は微妙である。男性用トイレが故障していたりして、男性が女性用トイレに入ったとする。そこでもし女性が居合わせてノゾキを疑われてしまったら、犯罪者扱いされかねない。

ノゾキは軽犯罪法に触れるので、警察に連れて行かれることもありうる。

「子供お断りのアパート」で、もし子供が生まれたら？

アパートには「子供お断り」を入居条件にしているところがある。では、そんなアパートに住んでから、子供が生まれると、どうなるのだろうか？　引っ越ししたくない人は、住みつづけることができるのだろうか？

これは、法律家によって意見の分かれるところだ。入居契約書に「子供が生まれたら、契約を解除できる」とあれば、家主の要求を正当とする見方もある。

その一方、たとえ入居契約書に書いてあっても、それは正当な理由にならないとする見方もある。憲法では、健康で文化的な生活を営む権利を保障している。乳児を抱えた家族を追い出すのは、憲法の理念に反するとも考えられるからだ。

結局のところ、両者ともに正当性があるというわけで、裁判になれば判断の難しいケースになると想定される。

つり銭を多くもらって黙っていると、罪になるか？

たとえば、店員が間違えたのをいいことに、お客がそうと知りながら、余分なつり銭を受け取ったとしよう。

そんな場合、つり銭を余分に受け取ってしまったお客は、罪に問われることがありうる。

あえて申告せず、放置している点で欺く行為があったとされ、詐欺罪（二四六条一項）に該当する可能性があるのである。

また、店員から受け取ったときには知らなかったが、後につり銭が多いことに気づいても返さなかったときには、占有離脱物横領罪（254条）にあたる。他人が置き忘れた遺失物をネコババした場合と同じ罪だ。

自動車教習所の路上教習での事故は誰の責任？

自動車免許の路上教習で、万が一、事故を起こすとどうなるのだろうか？　運転しているのは生徒だが、まだ免許は取得していない。それでも、責任を負わされるのだろうか？

結論からいうと、責任を負うのは、助手席に乗っている指導教官。教官には、運転に不慣れな生徒が危険な行為をしないよう注意し、事故が起きそうなときは、事前に回避するよう努める義務がある。そのため、教習所のクルマの助手席にはブレーキがついていて、いざとなれば教官がブレーキを踏み、クルマを停められるようになっている。

にもかかわらず、事故が起きれば、その責任は事故を防げなかった教官にある。賠償責任が生じた場合も、その責任を負うのは、指導教官を雇用している教習所だ。実際、教習所はそんな事態に備えて保険に入っている。

工事現場の誘導員に従ってもし事故が起きたら？

建設工事・道路工事の現場周辺には、交通整理をするための誘導員が配置されているもの。クルマや歩行者は、彼らの指示に従うわけだが、誘導員の指示を鵜呑みにするのは禁物。もし、誘導員の指示に従って事故が起きた場合、運転手にも責任が生じるからだ。

　工事現場に置かれる誘導員は、あくまで交通の流れを円滑にするための補助員であり、安全かどうかの最終的な判断は、運転手がしなければならない。誘導員が「進んでいい」と合図しても、運転手は自分で安全確認する義務があり、事故が起きた場合は、その安全確認を怠ったと考えられるのだ。

　ただ、誘導員の合図で進んでいれば、間違った合図を送った誘導員にも責任はある。ひいては、誘導員を雇った会社にも責任があり、損害賠償責任も生じる。

それでも、運転手の責任がゼロということにはならない。

普通免許で消防車を運転できるか？

　消防車は、普通免許さえあれば運転できる。はしご車のような大型車の場合は、大型免許や大型特殊免許が必要になるが、揚水や放水に使うポンプ車程度なら、普通免許を持っていれば運転できる。

　ただし、あくまで「消防車を運転できる」というだけで、消防車としての機能を使うことはできない。たとえば、普通免許だけで、火事のとき、赤色灯を灯し、サイレンを鳴らして走ることはできない。そうするには、「緊急自動車運転資格」という、道路交通法が定める資格が必要になる。また、ポンプから揚水・放水するにも、特別な研修や試験を受けることが必須条件となる。

高速道路にいる人をはねたらどうなる?

高速道路は、本来、人のいないはずの道路。それでも、まれに人が立っていたり歩いていることがある。そんな人をはねてしまうと、どうなるのだろうか?

そのときのクルマ側の責任は、一般道路よりは軽くなる。高速道路を走る運転手は、人がいないことを前提に運転している。

人がいるのに気づかず、はねてしまったとしても、過失責任は少ないと考えられるのだ。

責任割合の目安は、高速道路を歩いている人をはねた場合で、運転手の過失割合は20％程度。はねられたほうに80％の過失責任があるというわけだ。

ところが、タイヤ交換などのために車外に出ていた人をはねた場合には、運転手の過失責任ははねあがる。タイヤ交換の場合、近くにクルマが駐停車しているので、高速道路でクルマが駐停車していれば、近くに人がいる可能性を予見できるというわけだ。

一度の浮気を理由に離婚できるか？

一度の浮気でも、男女双方が納得すれば、むろん離婚できる。問題は、浮気した側が離婚を拒否し、裁判となったときである。その場合、一般的に裁判官は、婚姻が実質的に破綻しているかどうか、子供がいるかどうかを重要な要素として判断している。

一度の浮気がきっかけで、夫か妻のいずれかが離婚請求するようなときは、現実的にはそれ以前にさまざまな要因がからんで不仲となっているケースが多い。そのようなときには、裁判官は婚姻関係を修復不可能と判断して、離婚の申し立てが認められるケースが多くなる。

ただし、夫婦関係が破綻していると見られても、小さな子供がいる場合には、その子への影響などを考慮して、離婚請求が却下されることもある。

同棲解消のとき、二人で買った家財道具はどうなる？

同棲を解消するとき、トラブルの種になりやすいのが、共同で購入した家財道具の分け方。

たとえば、同棲中、お金を出し合ってクルマを買った。購入価格は１００万円で、男性が60万円、女性が40万円を出した。ところが、その後、別れることになると、クルマの所有権をめぐってトラブルが持ち上がることもある。

そのような場合、話し合いがうまくいかなければ、簡易裁判所に調停を申し立て、調停委員を間に入れて話し合う。一般的には、購入時に支払った金額や使用頻度などを考慮して、どのように分割するか協議することになる。調停でもうまくいかなければ、裁判所に分割請求を申し立てることになる。

恋人と別れたら、借金の連帯保証人もやめられる？

恋人と別れたからといって、簡単に取り消せないのが連帯保証人である。たとえば、恋人がお金を借りるとき、連帯保証人を引き受けると、別れてから連帯保証人をやめたくなっても、法的にはかなり難しい。

そもそも、連帯保証人の契約は、借りる人と債権者の間で結ばるもの。その契約の打ち切りには債権者の同意が必要で、さらに代わりの連帯保証人を探すか、不動産などの物的担保を入れなければならない。

現実的には、途中で連帯保証人をやめるのはかなり難しく、もし借りた人が返せなくなれば、たとえ別れていても代わって借金を支払うしかない。

ホテルや旅館の宿泊名簿に偽名を使うと、どうなる？

国内のホテルや旅館に泊まるとき、宿泊名簿に偽名を書いても、ホテルや旅館側には基本的にはそれが偽名とわからない。それをいいことに、愛人との不倫旅行などで、偽名を使う人もいるが、それは旅館業法違反になる。もし、偽名を書いたことが何らかの事情でバレると、拘留か科料が待っているのだ。

偽名を書いても、そうそうバレるものではないが、バレるきっかけとなりやすいのが、そのホテルや旅館で事件が起きたときだ。宿泊先で泥棒や殺人、火災といった事件が起きたとき、宿泊客の身元が一人ひとりチェックされる。その捜査過程で、偽名を書いていたことがわかるのだ。

他人の山で捕まえたクワガタは誰のもの？

たとえば、他人の山でクワガタを捕まえたところ、山の所有者に見つかり、「それはうちの山のクワガタなので、こっちによこせ」と言われたとしよう。そんな場合、引き渡さなければならないのだろうか？

結論から言えば、引き渡す必要はない。クワガタやカブトムシは法的には山から山へと移動するうえ、法的には「無主物」と呼ばれる。つまり、山の所有者の持ち物ではないのだ。鳥やイノシシも同様で、捕まえた人のものとなる。

ただし、他人の山で、動かない木や山菜、花などを勝手に伐採したり、採取すると、窃盗罪が成立する。

自転車にも スピード違反はあるか？

自転車にも交通ルールが適用され、違反者は場合によっては罰金どころか、懲役刑を科せられることもある。

まず、夜間にライトを点灯せずに走れば、５万円以下の罰金。手放し運転も、安全義務違反で３カ月以下の懲役または５万円以下の罰金となる。飲酒運転にいたっては、クルマ同様、５年以下の懲役または１００万円以下の罰金だ。

制限速度も、一般車両と同じ扱いになる。制限速度が30キロと定められている道路なら、30キロ以内で走らなければならず、制限速度が決まっていない道路なら、クルマ同様、60キロまで出していい。ただ、ブレーキ機能が十分ではないのに、坂道を60キロで降りたりすると、それを危険行為と見なされ、安全運転義務違反として、３カ月以下の懲役または５万円以下の罰金を課せられることがありうる。

ガソリンスタンドの給油機は、満タンをどう判断する？

ガソリンスタンドで給油すると、満タンになると機械が自動的にストップする。満タンになったと判断しているのは、クルマの給油口に差し込むノズルである。

　ガソリン給油機の仕組みを説明すると、ノズルを給油口に差し込み、レバーを引くと、主弁の口が開き、ガソリンはその弁を通って噴出していく。その一方、ノズルの先にある孔から空気を吸い込んで「真空室」と呼ばれる場所へ送り、一定の圧力をかける仕組みにもなっている。

　ところが、満タンになると、ノズルの先の孔がガソリンでふさがれ、孔から空気を吸い込めなくなって、「真空室」の空気を吸い戻すようになる。やがて、真空室内の空気が空になると、金属の板状の装置がバネで跳ね上がる仕掛けになっている。この金属の板状の装置が跳ね上がると、ノズルレバーを放さなくても、自動的に主弁が閉じて、給油はストップするのである。

定期券の年齢をごまかすと、どうなる？

電車の定期券を買う際には、名前や住

所、年齢などを書類に記入して申請するが、その際、年齢を偽ると、どうなるのだろう？

厳密に言えば、定期券は無効になってしまう。

鉄道会社の営業規則には、氏名、年齢などの事実を偽った定期券は無効といった記載がある。

年齢を偽ると、無効になりかねないのだ。

ただし、それは現実的には建前であって、年齢詐称で定期券が無効になったケースはないようだ。事実、車内巡回中の車掌も、いちいち年齢を確認したりはしていない。

温暖化が進むと、献血者が減るのは？

近年「猛暑が続くと、献血者が減る」という現象が起きている。その理由は単純で、猛暑になると外出を控える人が増える。すると、街頭で献血する人が減ってしまうというわけである。

そもそも、7～8月は、企業や学校が夏休みになり、団体献血が少なくなる時期。とくに、8月のお盆前後には、旅行や帰省などで街頭献血者が激減する。さらに、この時期、大型の台風が直撃するようなことになれば、献血者はさらに減ることになるというわけだ。

当日限り有効のキップで深夜12時以降、電車に乗れる?

都会では、深夜12時をすぎても、大勢の乗客が電車を利用している。すると、「当日限り有効」と書かれたキップは、深夜12時を過ぎて日付が変わると、無効になりはしないのだろうか?

ＪＲの営業規則によれば、入場後に有効期間をすぎたチケットは、途中下車しない限り、目的地まで使用することができる。いったん乗ってしまえば、日付が変わっても大丈夫というわけだ。

そもそも、東京と大阪の電車特区区間では、終電までは日付が変わっていても、前の日の日付として扱われることになっている。そうでなければ、深夜電車に一定以上の時間乗る人は、みんな不正乗車ということになってしまう。

滑走路は普通の道路とどうちがう?

一般の道路の場合、砂利や土砂の上に敷かれたアスファルトの厚みは、数センチほど。一方、滑走路は、アスファルト部分だけで、2~3メートルもの厚みがある。建設時にアスファルトを敷いては巨大ローラーで固めるという作業を繰り返し、大型機の離着陸に耐えられるようにつくられている。

つまり、滑走路と一般道路では、強度がまったくちがうのである。

なぜ電話中、イタズラ書きをしてしまう？

電話中、無意識のうちに、メモ用紙にいたずら書きをしてしまう人は少なくないだろう。

電話中、ついイタズラ書きをしてしまうのは、緊張をやわらげるための行為といえる。人には緊張したとき、それを和らげるため、無意識のうちに体の一部を動かす傾向がある。貧乏ゆすりもその一つだし、電話中にコードを指にまきつけたり、イタズラ書きをするのも、そのような緊張緩和行動といえる。体の一部を動かしていたほうが、リラックスした気分で会話を続けられるのである。

エレベーターの中で階の表示ランプを見てしまうのは？

エレベーターの中では、なぜか階数の表示ランプを見上げてしまうもの。心理学者によると、それは、近くの人と視線を合わせたくないという意識が働くためだという。

エレベーターでは同乗者との距離が近くなるので、知らない人と視線が合うと、気恥ずかしいもの。そこで、視線を斜め上にあげて、階数の表示ランプを見つめ、人と視線が合わないようにするというわけだ。

駅の番線は何を基準に決めている？

ＪＲの駅の番線名は二つの原則にもとづいてつけられている。

原則の第一は、駅長室に近い順につけること。駅長室に近いものから1番、2番、3番線とつけていく方法で、国鉄時代にできた古い駅は、おおむねこの原則に従っている。

原則の第二は、上りを若い番号にすること。つまり、上り線を1番、下り線を2番とする方法で、ＪＲ東日本の新しい駅では、この方法が採用されている。

夜間、離着陸するときに照明が消えるのは？

夜間、飛行機は離着陸の際に、機内の照明を消すことが多い。

これは、まさかの事態に備えてのことだという。

飛行機事故が起こる確率が最も高いのは離着陸のとき。万が一、事故が起きて外に脱出しなければならなくなったとき、機内を明るいままにしていると、目が暗さに慣れていないので、脱出用シューターを滑り降りる際に乗客らがまごつきかねない。

その点、あらかじめ機内を暗くしておけば、暗さに目が慣れ、すばやい行動がとりやすくなるというわけだ。

飛行機には、なぜ左側から搭乗する？

飛行機に乗るときは、機体の左側の扉から搭乗する。機体には左右両側にドアがあるのに、左側だけをつかうのは、飛行機が船の習慣を受け継いでいることに由来する。

昔、地中海を航海していた帆船は、舵が船体の右側に大きくはみだしていた。そのため、港では舵がじゃまにならないように左側で接岸し、乗り降りしていた。

船の形が変わっても習慣は受け継がれ、やがてその搭乗ルールは飛行機にも取り入れられることになったのである。

それでも、飛行機の右側にもドアがあるのは、非常時に備えてのこと。

青いクルマが事故にあいやすいのは？

統計上、「青色のクルマは事故にあいやすい」ことが知られている。

その原因は、青が「寒色」であり、「後退色」であることと関係しているとみられる。

まず、青のような寒色には副交感神経を刺激し、心や体を休ませる働きがある。クルマの場合、他のクルマのドライバーは、青色を見ているうち、体の反応が鈍くなり、追突しやすくなるのだ。

また、青が「後退色」と呼ばれるのは、実際よりも遠くに見えるから。そのため、対向車のドライバーは、青系のクルマを見ると、実際より遠くにあると錯覚しやすくなるのだ。それが、ハンドルさばきやブレーキの遅れにつながり、事故の原因となっている可能性が高いとみられる。

ブルーシートはなぜ青色？

建築や土木の工事現場で使われている「ブルーシート」。ポリエチレンなど合成樹脂製のシートだが、なぜ青色に染められているのだろうか？

そのいちばんの理由は、青色の顔料が他の色に比べて3割も安かったことだという。

また、空や海の色に近いので、自然に溶け込みやすいことも、この色が選ばれた理由だったようだ。

てるてる坊主は、男性か女性か？

「てるてる坊主」の性別は男か女か——と問われれば、「坊主」とついていることから、「男」と答える人が多いだろう。ところが、そのルーツをさかのぼると、どうやら「女」のようである。

　てるてる坊主のルーツは、中国の揚子江付近に伝わる「掃晴娘《そうせいじょう》」という人形。古代中国には、白い紙で作った女子の人形に、紙製の着物を着せ、小さな箒にくくりつけて、翌日の晴天を願うという風習があった。つまり、ルーツの人形は女性だったのである。

　それが、平安時代に日本へ伝わり、いつしか「娘」が「坊主」となった。

　願いがかなって晴れると、坊主の顔に目を描き、川に流すという風習が生まれたのは、江戸時代になってからのことである。

旅客機のタイヤも冬場はスタッドレスなのか？

　冬場、北の空港では、滑走路が凍結する日もある。すると、航空機が履いているタイヤは、スタッドレスに交換されるのだろうか？

　答えは「ノー」。航空機の場合、高速で離着陸するといっても、一直線の滑走路上を走るだけで、クルマのように複雑な動きをするわけではない。だから、スタッドレスに履き替える必要はなく、一年中、同じタイヤを使っている。

　一方、空港で働く車には、冬場はスタッドレスに履きかえるタイプもある。

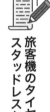

冷蔵庫用のコンセントが高い位置にあるのは？

日本の家屋では、電気のコンセントは床から10センチ前後の低い位置に取りつけられていることが多い。ところが、冷蔵庫用のコンセントだけは、高い位置に取り付けられている。これは、コンセントと差し込みプラグに、ホコリがたまるのを防ぐためである。

通常の電気製品は、差し込みプラグを差したり、抜いたりすることが多いので、ほこりがたまりにくい。ところが、冷蔵庫は、いったんプラグを差し込むと、プラグを抜くことはほとんどない。そのため、コンセントが低い位置にあると、ほこりがたまりやすく、そのほこりが漏電や火災の原因になることもある。そこで、冷蔵庫用のコンセントは、高い位置に取りつけられているのだ。

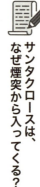

サンタクロースは、なぜ煙突から入ってくる？

サンタクロースが煙突から入ってくるとされるのは、サンタクロースのモデルとされる聖ニコラスのエピソードに由来する。ニコラスは、3〜4世紀のトルコに実在した聖職者だ。

聖ニコラスの教会の近くに住んでいた貧しい一家の父親は、3人の娘を売って、現金を手にすることを考えるようになっていた。その話を聞いたニコラスは、ある夜、その家の煙突に数枚の金貨を投げ込んだ。すると、金貨は、暖炉近くに干してあった靴下の中に入り、そのおかげで、娘たちは売られずにすんだという。

このエピソードから、煙突から家にこっそり入り、靴下にプレゼントを入れるという現在のサンタクロース像が生まれることになった。

クリスマスにケーキを食べるのは？

クリスマスにケーキを食べるのは、クリスマスの前身である「冬至の祭り」に由来する。

冬至の祭りは、北欧にキリスト教が入る前に行われていた祭り。

人々が一年の労働から解放され、食物に感謝をささげる行事であり、その祭りではデザートにケーキを食べる風習があった。

やがて、この祭りは3世紀末頃、キリストの誕生を祝う「クリスマス」に吸収されていき、日にちも12月25日と定められた。

その後、クリスマスにケーキを食べるという北欧の習慣が他地域にも影響をおよぼしたのである。

ハロウィンにカボチャで提灯を作るのは？

ハロウィンのシンボルといえば、カボチャの提灯。ところが、ハロウィン発祥の地であるイギリスでは、提灯の材料にカボチャではなく、大カブやサトウダイコンを使っていた。それが、カボチャの提灯に変わったのは、アメリカに渡ってからのこと。当時、アメリカでは、家畜用の「ペポカボチャ」の栽培が盛んだった。

その大きなオレンジ色のカボチャは、栽培が簡単なうえ、外皮が硬く、目鼻をくりぬきやすい。そうしたメリットから、ハロウィンにはカボチャがつきものになった。

ボタンダウンシャツは、なぜ襟をボタンで止める？

世界で初めてボタンダウンシャツを売り出したのは、アメリカの「ブルックス・ブラザーズ」。１００年以上前のことで、創業者の孫がポロ競技のユニフォームに着目したことがきっかけだった。

ポロ競技の選手たちが着るユニフォームは「ポロシャツ」と呼ばれ、当時は襟が風になびかないように、ボタンでシャツにとめてあった。１８９６年、同社はそれをヒントに「ボタンダウン　ポロカラーシャツ」というニューデザインのシャツを発売、大ヒット商品となった。

ただ、現在のポロ用のシャツはボタンダウンにはなっていない。襟の部分が硬く織られるようになって、風になびかなくなり、ボタンが不用になったからだ。

紙の規格「B判」は日本独自のものって本当？

日本の紙の規格には、「A判」と「B判」の二つがある。そのうち、「A判」は国際サイズであり、「B判」は日本独自の規格だ。

A判はもともとはドイツの工業規格であり、これが国際規格となった。ただ、日本では江戸時代に公用紙の大きさを決めていて「美濃判」と呼ばれていた。それが明治以降も残り、「B判」と名を変えて、今もよく使われているのだ。

エンジン停止中でもエアバッグは開くか？

エアバッグは、クルマのフロント部分に衝撃があったとき、運転手や助手席に乗る人を守ってくれる安全装置のこと。

では、駐車中、暴走車がぶつかってきたときには、エアバッグはエンジン停止中でも作動するのだろうか？

答えは、大半のクルマの場合、エンジン停止中、エアバッグは作動しない。エアバッグが作動するには、事故の衝撃を感知するセンサーやコンピューターが働いていることが必要になる。したがって、ほとんどのクルマでは、エンジン停止中は電気がストップしているので、センサーなどが働かず、エアバッグシステムは作動しないのだ。

ニューハーフの化粧品は男性用？ 女性用？

男性と女性では、肌の水分や皮脂の状態がちがうので、補うべき水分や油分もちがってくる。そのため、男性用、女性用化粧品は含まれている成分が異なる。そのため、男性が女性用のしっとりタイプの化粧品を使ったりすると、脂っぽいと感じることになる。

すると、ニューハーフの人たちは、いったいどちらの化粧品を使っているのだろうか？ 事情を聞くと、男性用・女性用で区別するというよりも、乾燥肌の人は女性用のしっとりタイプを、オイリー肌やニキビ体質の人は男性用のサッパリタイプという具合に、自分の肌質にあったものを選んでいることが多いそうだ。

2 グルメ

“売り切れごめん”のラーメン店が、もっと麺を作らないのは？

ラーメンの有名店には、「1日100食まで」などと、麺の量を限定している店がある。しかし、店側も、足を運んでくれたお客に自慢の麺を味わってほしいはず。むろん、そのほうが、売上げアップにもつながる。

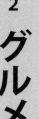

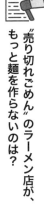

「売り切れごめん」のラーメン店が、麺をたくさん打たないのは、どうしてなのだろうか？

その理由は、自家製の手打ち麺は、品質管理がひじょうに難しいから。打った麺を厨房に置いておくと、ゆでる前に湿気でのびてしまう。

また、乾燥した場所に置くと、ヒビが入ってしまう。また、防腐剤を加えなければ、生麺は日持ちがしないので、売れ残ったら、その日のうちに捨てるしかない。

というわけで、生麺は作り置きができないので、麺にこだわるほど、その量を限定せざるをえないのだ。

出前の鮨にアカガイがはいっていないのは？

アカガイは人気の寿司ダネだが、「出前」のにぎりに使われることはない。なぜだろうか？

その理由のひとつは、アカガイが短時間に変色してしまうから。もうひとつの理由は、アカガイは人気ネタであっても、出前の寿司桶に並べると、値段のわりに見栄えがしないことである。

マグロの赤身やイクラの軍艦巻きなどに比べると、見た目がパっとせず、豪華さを演出できないのだ。

豆板醤の「豆」は、どんな豆？

豆板醤《トウバンジャン》は、四川料理に欠かすことのできない辛味噌。味噌であっても、その原料は、大豆ではなくて、そらまめである。

そらまめでつくった豆みそに、麹や塩、トウガラシなどを混ぜて熟成・発酵させたものだ。

一方、甘味噌の代表格といえば、甜麺《テンメン》醤《ジャン》。北京ダックを食べるときなどに使う調味料で、こちらの原料は小麦。

バルサミコ酢の「バルサミコ」って何？

バルサミコ酢は、イタリア料理に欠かせない調味料。オリーブオイルと相性がよく、オイルと合わせて、カルパッチョ、肉のソテー、焼き魚、揚げ物の風味付けなどに使われる。

この「バルサミコ」という名は、イタリア語で「香りがいい」とか「芳ばしい」という意味。

その名が表すとおり、香りが命であり、その香りづけにはかなりの手間がかかっている。

煮詰めたぶどう液（ぶどうジュース）を樽に入れ、平均3～4年も熟成させて作るのだ。

しかも、その間、カシ、クリ、サクラ、クワなど、材質の異なる樽へ一年ごとに移し替えて、香りを加えていく。古いものでは100年以上、熟成させたものがあり、むろんワインと同様、熟成期間の長いもののほうが値段は高い。

モロヘイヤってどういう意味？

モロヘイヤは、大葉のような形をした緑黄色野菜。βカロチン、カルシウム、鉄分などをたっぷり含む近年人気の栄養野菜だ。モロヘイヤの原産地はエジプトを中心とする東地中海地方。中東では古代から食べられていた野菜で、「モロヘイヤ」とはアラビア語の「ムルキーヤ」を語源とし、その意味は「王家のもの」。

昔、王様が病気で苦しんでいたとき、モロヘイヤのスープを飲んでいるうちに全快した。以来、「王様の野菜」と呼ばれるようになった。

ペペロンチーノってどういう意味？

ペペロンチーノは、パスタ料理を代表するメニューの一つ。正式名は「スパゲティ・アーリオ・オーリオ・エ・ペペロンチーノ」という。

ペペロンチーノは赤とうがらしのことで、アーリオはニンニク、オーリオはオリーブオイルのことなので、長い名前を訳すと、「ニンニク、オリーブオイル、赤とうがらしのスパゲティ」ということになる。

それを日本では単にペペロンチーノ、つまり「赤とうがらし」と略しているわけだ。

ユリネは、どんな百合の根？

ユリネは、茶碗蒸しやおせち料理などに使われる食材。名前どおり、ユリの根ではあるが、鑑賞用のユリの根ではない。

鑑賞用のユリを掘り返しても、その根は苦くて、とても食べられない。食用ユリネは、ヒメユリとヤマユリをかけ合わせ、品種改良を繰り返した「白銀」と呼ばれる品種の根だ。

全生産量の95％は北海道産で、全体の70％は関西地方で消費されている。

ポテトチップス1袋に必要なジャガイモは何個分？

ポテトチップス1袋には、中身が85グラムの標準的な商品で、おおむねジャガイモ3個分が入っている。

ジャガイモは1個100～150グラムはあるが、スライスして油で揚げると、その80％の水分は飛んでいく。すると、油を吸い込む分を加えても、1個100グラムのジャガイモが、30グラム弱になるのだ。

それで、中身が85グラムの標準サイズの商品で、ジャガイモ約3個分ということになる。

自販機に野菜ジュースが少ないのは？

日本国内に設置された自動販売機の約半分は、飲料用。飲料用自販機の売上げ順位を見ると、「缶コーヒー」が売上げの半分以上を稼ぎ、2位が「炭酸飲料（約20％）」、3位が「お茶（約15％）」である。

それに比べて、「野菜ジュース」の売上げはごくわずかだ。自販機で野菜ジュースをほとんど見かけないのは、野菜ジュースが「指名買い」の商品だからという。

野菜ジュースは、愛好者によって、どの商品を買うかがだいたい決まっている。そのため、不特定多数を相手にする街の自販機には不向きな商品なのだ。

ただし、社内食堂の自販機など、買う人が決まっている場所に置かれた自販機には、野菜ジュースが並んでいることもある。

やきとり屋の人気メニュー「つくね」の意味は？

やきとりの「つくね」は、細かくたたいた鶏肉に調味料などを混ぜて練り合わせ、団子状にしたもの。この「つくね」という名は、どこから来たものだろうか？

「つくね」の語源は動詞の「つくねる」で、その意味は「手でこねて丸くする」ということ。
「つくね」とは、その〝製法〟を名詞化した名前というわけだ。

ラム酒の「ラム」って、どういう意味？

ラム酒は、サトウキビの糖蜜を発酵させた後、蒸留して作る酒。この「ラム酒」の「ラム」とは、どういう意味なのだろうか？

これには、いくつかの説がある。まずは、原料のサトウキビにちなむという説。サトウキビをラテン語で「サッカルム（sacharum）」というので、その語尾の「rum」をとったという。

また、イギリス海軍の酒好き提督「オールド・ラミー（飲んだくれオヤジ）」に由来するという説もある。

さらに、イギリスの方言で、「乱痴気騒ぎ」を意味する「ラムバリオン（rumbullion）」に由来するという説もある。

スペインの無敵艦隊を破った英国海軍が、カリブ海のバルバドス島に上陸すると、島民たちが酒を飲んで騒いでいた。それを見たイギリス人が「rumbullion」と呼び、そこからこの酒が「ラム」と呼ばれるようになったという。

チーズ用ナイフが波型になっているのは？

チーズ用のナイフは刃先が波型になっているもの。波型をつけてあるのは、粘着性のあるチーズをうまく切るためである。

普通の包丁で、プロセスチーズなどを切ると、ナイフにくっついて、ひどく切りづらい。一方、刃先が波状のナイフを使うと、チーズと接する表面積が小さくなるので、粘着性のあるチーズも、くっつきにくくなる。また、接する面積が小さい分、摩擦力が弱くなり、簡単に切り分けられるというわけだ。

キャビアを壊さないで、どうやってビン詰めにする？

近年、チョウザメの収穫量が減り、その卵である本物のキャビアは高価な貴重品となっている。そもそも、ていねいに扱わないと卵が壊れたり、味が落ちてしまうため、本物のキャビアは、じつにていねいな作業によって作られている。

まずは、チョウザメをさばくときから、極力痛みを与えないように慎重に包丁を入れる。痛みを与えると、チョウザメが酸味のある化学物質を分泌し、卵の味が落ちてしまうからだ。そこで、捕獲後、頭のすぐ下の急所を一撃している。

その後、腹から腹子を取り出し、よけいな部分を取り除いたら、洗って塩をする。それをていねいな手作業でビンや缶に詰めている。本物のキャビアの値段が高いのは、そうした手間賃も含まれているからである。

コンニャクが炭水化物なのにカロリーゼロなのは？

ダイエット食品の代表格、コンニャク。しかし、コンニャクは、コンニャク芋というイモからできている。炭水化物が原料なのに、食べてもカロリーゼロというのは、どういうわけだろうか？

これは、コンニャクがグルコマンナンからできているから。人間の消化管には、グルコマンナンを分解できる消化酵素が存在しない。だから、コンニャクを食べても、消化器を素通りとなる。

つまり、コンニャク自体にはカロリーがあるのだが、人間が消化できないために、エネルギー源としては利用できず、カロリーゼロとなるのである。

「乾物」と「干物」はどうちがう？

乾物にしろ干物にしろ、日本の風土が生んだ保存食品である。食品をそのまま保管すると、湿度の高い風土では、細菌が繁殖し、腐ってしまう。そこで、食品から水分を抜き、長期保存できるように工夫されてきた。それが乾物であり、干物である。

かつては、両者は同じ意味の言葉だったが、現在では便宜上、区別されている。乾物は、おおむね植物性食品を乾燥させた食品を指し、昆布やヒジキ、高野豆腐、切り干し大根などがこれにあたる。一方、干物は、魚介類を乾燥させた食品、干しアジ、干しダラ、スルメ、じゃこなどを指すようになっている。

塩豆のまわりについている〝白いもの〟の正体は？

塩豆は、豆のまわりが白くコーティングされたようになっているもの。あの白い粉の正体は何なのだろうか？

その正体は、カキの殻の粉の「胡《ご》粉《ふん》」。その作り方は、まず殻が大きい「イタボガキ」の殻を長期間天日に干す。次に、殻をこすり合わせて汚れを取り除き、石臼で粉にする。

その後、粉を水の中に入れ、上澄みだけをとる。その作業を何度も繰り返した後、また天日干しをして「胡粉」はできあがる。

塩豆にコーティングするときは、エンドウ豆を水洗いして3日間ほど寝かせたあと、網の上で煎る。その煎り豆に「胡粉」とふのり、塩水を混ぜた液体をふりかける。

　すると、真っ白な塩豆が仕上がるのである。

ノンアルコールビールの生みの親は禁酒法って本当？

「ノンアルコールビール」は、アルコール分1％未満のビール風味の飲料。日本では1980年代に発売されたが、アメリカではそれより60年近くも前から作られていた。

　そのきっかけは、あの禁酒法だった。同法は、アルコール分0・5％以上の飲み物の製造・販売を禁止した法律だったので、業者は本物のビールからアルコール分だけ取り除く方法を編み出し、合法な〝ビール〟を売りつづけたのである。

シーザーサラダとローマの英雄の関係は？

　シーザーサラダは、レタスにパルメザンチーズなどで調味されたドレッシングをかけ、トッピングにベーコンやクルトンを乗せたもの。このサラダ、「シーザー」と冠されているが、古代ローマの英雄ジュリアス・シーザーとは直接の関係はない。

　このサラダが生まれたのは1924年のこと。当時、アメリカでは禁酒法が施行されていたので、多くのアメリカ人が国境を越えて隣のメキシコまで足を運び、アルコールを楽しんでいた。国境を越えてすぐの町ティファナの「シーザース・パレス」というホテルも、アメリカ人でにぎわっていた。

そんなある日、同ホテルで、野菜がレタスしかなくなってしまった。その事態を切り抜けるため、シェフで経営者でもあったシーザー・カルディーニが、レタスに卵やクルトンを乗せ、パルメザンチーズなどをあえたサラダを作り、お客に提供した。

すると、これが意外に好評を博し、たちまち人気メニューになった。

そして、ホテル名から「シーザーサラダ」と呼ばれるようになったのである。

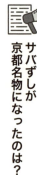

サバずしが京都名物になったのは？

サバずしは、サバの身に塩をふって酢で身をしめ、棒状の酢飯にのせて、昆布で巻いた寿司のこと。このすし、今では京都名物の一つになっているが、京都といえば三方を山に囲まれた内陸の都市。なぜ、海の魚が名物料理に加えられることになったのだろうか？

かつて、日本海でとれた魚は、人の手で京都まで運ばれていた。日本海側から運ぶのに、昔は一昼夜はかかったので、そのまま運んだのでは、足の早いサバは腐ってしまう。

そこで、日本海側で水揚げされたサバには、腐敗防止のために塩がふられていた。すると、京都に届くころ、その塩がちょうどいい味かげんになり、より美味しくなっていた。その塩サバから発展して、サバずしが生まれたのである。

北京ダックの肉の部分は、誰が食べている？

北京ダックは、高タンパクのエサで太らせたアヒルを、こんがり焼き上げた料理。皮の部分だけを小麦粉の皮に巻いて食べる。すると、肉のほうはどうなるのだろうか？

中華料理店によっては、余った肉は使わないというところもあるが、ラーメンの具などに利用したり、従業員用のまかない料理に使う店もある。あるいは、皮と同じように、スライスして出してくれる店もあるなど、肉の使い方は、店によってまちまちだ。

タマネギを炒めるのに以前より時間がかかるのは？

タマネギは、炒めるのに昔よりも時間がかかるようになっている。その原因は、タマネギの品種改良にある。

昔のタマネギには、水分がたくさん含まれていたので、強火で炒めると、水分がどんどん蒸発、タマネギは短い時間でしなっとなった。ところが、近年は耐久性のあるタイプに改良されているので、含有水分量が少なくなり、長時間炒めなければ、しんなりとしなくなったのである。

ホウレンソウの葉っぱの形が変わったのは？

昔のホウレンソウの葉には、数多くの切れ込みがあり、ギザギザ状になっていた。一方、今のホウレンソウの葉には浅い切れ込みが二、三あるだけである。それは、ホウレンソウの品種が変わった証拠といえる。

もともと、日本では、江戸初期に中国から伝えられたホウレンソウが栽培されていた。その和種の葉が、ギザギザの剣葉だったのである。ところが、１９７０年代、従来の和種から和種と西洋種の雑種第一世代（Ｆ１）へと切り替えられはじめた。西洋種は、切れ込みのない丸葉なので、現在の日本のホウレンソウの葉は、ギザギザの和種と、丸葉の西洋種の中間の形をしているというわけ。

青汁の原料はどんな野菜？

青汁の原料は大麦若葉かケールという野菜の葉である。

まず、大麦若葉製の青汁は、大麦が初穂を実らせる前の葉や茎を絞ったもので、ミネラル、ビタミンなどをたくさん含む。一方、ケールはキャベツの原種といわれる緑黄色野菜。こちらも、ミネラルやビタミン類をバランスよく含む。

なお、青汁は、新鮮で無農薬の野菜を買ってくれば、家庭でも作れる。その場合、青汁に適するのは、大麦若葉、ケールの他、しその葉、パセリ、ダイコン葉、ニンジン葉、小松菜など。

サトウキビから、どうやって砂糖を取り出す？

サトウキビから砂糖を精製する工程を追いかけてみると、まず機械化されたローラーを使って、サトウキビから砂糖分10％程度の〝ジュース〟を絞り出す。

そのジュースから不純物を取り除いたうえで、減圧装置に送り、水分を飛ばす。

すると、ジュースは砂糖分60％のシロップに変わる。

さらに、そのシロップを、真空釜の中で煮詰めると、白下《しろした》と呼ばれる、半流動状の塊りができる。

その白下を高速遠心分離機にかけると、砂糖の結晶を取り出せるので、後は結晶を乾かし、フルイで粒の大きさを整えていく。

なお、こうした処理によって、1トン

のサトウキビから、その約1割の量の砂糖が精製されている。

ウスターソースは何からできている？

ウスターソースが日本に渡ってきたのは、明治の文明開化期で、現在のウスターソースとはかなり味がちがい、相当しょっぱかったという。それが、洋食店の普及にともなって、しだいに日本人好みの味にアレンジされ、現在のマイルドな風味になった。

　現在のウスターソースは、タマネギ、ニンジン、トマト、リンゴ、セロリなどを煮て、熟成させた液体に、コショウ、トウガラシ、ニンニクなどの香辛料、砂糖、塩、酢を加えて、カラメルで着色し、1カ月ほど熟成させて作られている。

ピーナッツは大量の殻をどうやってむいている？

落花生をピーナッツに加工する際、どうやって大量の豆の殻をむいているのだろうか？

　現在では、外側の殻から渋皮まで、皮むき作業はすべて機械化されている。まず、落花生の実は大皮脱皮機という機械に入れられる。中には、樫の木でできた羽がついており、その羽が回転して、ひょうたん型の殻を割り、割れた殻は、羽の風圧で外に吹き飛ばされていく。

次いで、豆を湯でふやかすか、乾燥させて、渋皮をはがしやすい状態にしてから、脱皮機に入れて、渋皮をむく。湯漬け法の場合は、後で乾燥機に入れるか、天日干しにして豆をよく乾燥させる。

シナチクはどうやって作られている？

ラーメンには欠かせないシナチク。その材料となるのは、中国産の麻竹《まちく》という種類のタケノコ。作り方は、麻竹を細かく刻んだものを煮て、水切りしたあとで発酵させる。土の中に入れて約1カ月ほど発酵させるのだが、そのとき他の材料は入れない。土の中の細菌による自然発酵だけで、タケノコの色がだんだんと薄茶に変わり、あの独特の風味が生まれてくる。

その発酵したタケノコを、塩漬けにするか、天日干しで乾燥させると、シナチクのできあがりだ。日本には、塩漬けか乾燥状態で輸入され、各メーカーがこれを味付けして商品化されている。

ホワイトチョコレートをどうやって白くする？

チョコレートには、普通のこげ茶色のチョコのほかに、真っ白な「ホワイトチョコレート」がある。そのホワイトチョコレートは、どのようにして白くしているのだろうか？

チョコレートは、カカオマス、ココアバター、乳製品、砂糖などから作られている。カカオマスは、カカオ豆をあぶって皮と胚《はい》芽《が》を取り除き、ペースト状にすりつぶしたもののことで、そのカカオマスの色がチョコレート色のベースになっている。

一方、ホワイトチョコレートは、カカオマスをそのままは入れず、カカオマスに含まれているココアバターだけを取り出して使う。ココアバターは、乳白色なので、チョコレートの色も白くなるというわけだ。

肉牛に〝雄〟はいないって本当？

肉牛は食用目的で飼育される牛だが、そのなかに〝雄〟はほとんどいない。雄牛は、生後２～３ヶ月で去勢されてしまうからだ。「種牛候補」として去勢を免れるのは、２００頭に１頭ほど。残りは雄としての能力を奪われてしまうのである。

雄牛が早々と去勢されるのは、牛の性質を穏やかにして、精肉したときの歩留りをよくするため。去勢したほうが食用にできる肉の割合が増えるのだ。

すし飯に砂糖を入れるようになったのは？

江戸前寿司の寿司飯は、戦前までは塩と食酢だけで作られていた。ところが、戦後になると、寿司飯に砂糖を加えるようになった。米の質が低下し、砂糖を使わなければ、味が保てなくなったからだ。

とりわけ、人工乾燥させた米は、吸水力が弱く、酢をふりかけても十分には吸わない。そこで、砂糖の保水力を利用して、米が酢を吸収するようにしたのである。また、砂糖を加えることによって、寿司飯につやがでて、輝きのある寿司になるという効果もある。合わせ酢をつくるとき、砂糖を溶けやすくするため、すこし加熱すると、飴のようなつやが生まれ、輝きのある寿司飯になるのだ。

「ちらし寿司」と「ばら寿司」は、どうちがう？

関東のちらし寿司は、寿司飯の上に、マグロやエビ、こはだ、穴子などの寿司ネタを重ねたもの。一方、関西のばら寿司は、寿司飯にかんぴょう、ニンジン、高野豆腐、干しシイタケ、ごぼうなどの具をまぜ、金糸たまごをのせたもの。

関東では、関西のばら寿司のように具をまぜるものは、「五目寿司」と呼ばれている。

ナマコのどの部分を食べているのか？

ナマコは世界に約1500種類もいるが、日本人が食べているのはマナマコという種類である。マナマコは、円筒形をしていて、腹側に小さな吸盤状の足がついている。一般的には、このマナマコの両端を切り落とし、内臓を取り出した残りの身を食用にしている。薄切りにしたナマコを三杯酢で食べるのが、もっともポピュラーな食べ方だ。

また、取り出した内臓のうち、腸を塩辛にすると「コノワタ」、卵巣を塩辛にすると「コノコ」になる。いずれも珍味で、日本酒好きの人には、酒の肴としてよく知られている。

サンマが北で獲れるものほど脂がのっているのは？

サンマは、9月に北海道で獲れるものが、いちばん脂がのっているといわれる。

太平洋側のサンマは6月頃から北上を始めるが、その頃は身がパサパサしていて、あまりおいしくない。その後、北海道沖に進み、オキアミをタップリ食べることで、脂がのるのだ。

やがて、そのサンマも、北海道から南下するにしたがって、脂ののりが悪くなる。北海道沖で獲れるサンマに含まれる脂は20％ほどだが、それが11月頃、三陸沖で獲れるサンマは、約10％と半減する。さらに、南下して銚子沖に姿を表す12月頃は、脂分は約5％になっている。

魚肉ソーセージはどうやって生まれた？

世界的にソーセージといえば豚肉製だが、日本には魚肉ソーセージという独自のソーセージがある。

そもそも、魚肉ソーセージが作られたのは、大正時代のこと。京都大学の清水亘博士などによって、かまぼこ用すり身をつかったソーセージが試作された。やがて戦争が始まり、食料難になると、マグロ、カツオなどのすり身に、豚の脂身をくわえてソーセージ風に味付けをした魚肉ソーセージが、出回るようになった。

当初は人気商品ではなかったが、1953年（昭和28）、太平洋のビキニ環礁で行われたアメリカの核実験で、日本の第五福竜丸という漁船が被爆、付近のマグロも放射能汚染されるという大事件が起きた。

すると、魚が買い控えられるようになったので、水産業界は売れなくなったマグロやカツオを原料にして魚肉ソーセージを売り出した。すると、今度は魚肉ソーセージの売り上げはうなぎのぼりに伸び、日本の食卓に定着することになったのだった。

九州名物・辛子明太子に北の魚が使われているのは？

辛子明太子には、スケトウダラの卵が使われている。スケトウダラといえば、北の魚のはず。それが、なぜ九州名物になったのだろうか？

じつは、辛子明太子は韓国をルーツとする。それが戦後、韓国から引き上げてきた人たちによって、福岡名物に育てられた。そもそも、韓国ではスケトウダラを「明太《ミョンテ》」と呼ぶ。それがなまってメンタイ、タラコは明太の子なので「明太子」と呼ばれるようになった。辛子明太子は、そのスケトウダラの卵を唐辛子と、昆布やかつおぶしなどからとった調味液につけて作られている。

現在、原料のスケトウダラの卵は、北海道産が最上とされ、北海道から福岡へ運ばれて辛子明太子に加工されている。ただし、最近は、北海道産の漁獲量が減り、アラスカやカナダから輸入されるようになっている。

火で海苔をあぶると、緑色になるのはなぜ？

海苔を火であぶると、色が黒から緑へと変化する。なぜ熱を加えると、色が変わるのだろうか？

海苔は、海中に生えているときの色は、黒ではなく、紅紫色。紅紫色のアサクサノリが乾燥して、黒紫色の海苔となるのだ。だから、完成品の海苔を火であぶると、もとの紅紫色の色素が熱によって変化し、緑色に変わる。鮮やかな緑になるのは、海苔に含まれる葉緑素が作用するからだ。ただし、古い海苔は葉緑素が変質しているため、火であぶっても緑色になりにくい。

噛み切りやすい海苔と、噛み切りにくい海苔のちがいは？

海苔には、確かに噛み切りやすいものと、噛み切りにくいものがある。二つのタイプのちがいは、海苔の細胞間を埋めている食物繊維の比率のちがいによって生じる。

海苔の細胞間の食物繊維には、水に溶けやすい「ガラクタン」と、水に溶けにくい「アンドロガラクトゥース」がある。前者の比率が高いと噛み切りやすく、後者の比率が高いと噛み切りにくくなるのだ。

缶詰に円筒型が多いのは？

缶詰の缶には、円筒型、楕円型、角型がある。そのうち、少数派の楕円型は、イワシのように魚の身を丸ごと詰めるのに適している。また、角型缶はサンマのかば焼などに使われている。

　そうした例外を除いて、缶詰の大半は円筒型だが、その理由は経済性が高いからである。まず、缶が円いと、製造ラインをころがせるため、生産効率がアップする。

　また、同じ容量の中身を入れるとすると、円筒型だと、使用する金属などが最も少なくてすむのだ。

無臭ニンニクの臭いの消し方は？

　無臭ニンニクには、二つのタイプがある。ひとつは、エジプト産のニンニクを品種改良し、臭いを少なくしたもの。もうひとつは、ニンニクを温めて、臭いを弱くしたタイプだ。

　ニンニクの臭いは、アリインという無臭の化合物が、アリナーゼという酵素によって、臭う物質であるアリシンへと変わることによって生じる。そこで、ニンニクに人工的に熱を加えると、アリナーゼの酵素作用が弱まるので、臭いのもとであるアリシンの生成が抑えられるというわけだ。

砂糖を入れると、熱いコーヒーが冷めてしまうのは？

　これは気のせいではなく、コーヒーに

砂糖を入れて、スプーンでかきまわすと、確実に冷めていく。

まず、砂糖を入れただけで、砂糖を溶かすために融解熱が必要となり、コーヒーから熱が奪われる。さらに、スプーンでかき混ぜると、カップの中で対流現象が起き、これまた冷める原因になる。その際、金属製のスプーンを使うと、金属は熱伝導率が高いため、コーヒーはさらに熱を奪われることになる。

丸い氷が四角い氷よりも溶けにくいのは？

バーでウイスキーの水割りなどを頼むと、グラスに丸い氷が入っていることがある。それには、氷を長持ちさせるという実用的な目的が含まれている。丸い氷は、四角い氷に比べて、溶けるスピードが遅いのだ。

同じ体積の球体と立方体では、球体の表面積のほうが立方体の表面積よりも小さくなるので、空気や水に接触する表面積が小さくなる分、溶けにくくなるのだ。

ハチミツは腐らないって本当？

「ハチミツは腐らない」といわれるが、本当なのだろうか？

次のような実験が行われたことがある。糖度75％のハチミツと、水で薄めて糖度を20％に下げたハチミツを、ビーカーに用意する。

次に、この二つのビーカーそれぞれに、細菌の代表として酵母菌を入れ、12時間、保温室に置いた。そうして酵母菌がどれくらい増殖するかを調べたところ、はっきりとしたちがいが現れた。

まず、水で薄めたハチミツは、全体が泡立った。酵母菌が働いて、発酵が進んだためだ。一方、ハチミツをそのまま入れたビーカーの方は、まったく変化しなかった。

さらに、顕微鏡を使って詳しく観察すると、75％のハチミツの方では、酵母菌が仮死状態になって、まったく動く気配はなかった。以上の実験結果からすると、どうやら、ハチミツは腐らないという話は、ほぼ本当のようである。

えびせんを食べ始めたら、止まらなくなるのは？

「えびせん」を食べ始めると、なぜやめられなくなるのだろうか？

マウスを使った行動実験によると、うま味とデンプンを混ぜた液が、マウスに「強化効果」という執着行動をひき起こすことがわかっている。この実験結果は、エビのうま味と、せんべいのデンプン質を合わせ持つえびせんに、執着行動の条件がそろっていることを示している。

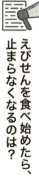

人間がうま味とデンプンに執着するのは、うま味のもとであるアミノ酸や、せんべいのデンプンが、人間の体にとって不可欠な成分だからと考えられる。体に必要な食べ物を口にするとき、おいしさという、一種の快感が与えられ、それが止められない原因になるわけである。

そばの色のちがいは何のちがい？

そばは、白っぽいそばと黒っぽいそばがある。その色とそば粉の割合は無関係。そばの色のちがいは、そば粉の種類のちがいによって生じる。

そば粉の種類は、色の濃淡によって大きく三つに分けられる。まず「一番粉」は、石臼でひいたとき、そばの実の中心部分から最初に取れる真っ白い粉。「二番粉」は一番粉が取れたあと、その周りから取れるやや黒みがかった粉。「三番粉」は、そばの実の一番外側から取れる黒っぽい粉を指す。

では、そば粉の種類によって、どんなそばできあがるのだろうか。

まず、一番粉の白い粉だけで打った白いそばは「更科そば」と呼ばれる。一方、黒っぽい二番粉、三番粉で打った黒っぽいそばは、通称「田舎そば」などと呼ばれることになる。そば専門店では、これら三種類の粉の割合を調整し、食感や香りに変化をつけているというわけである。

コーヒー豆に〝新豆〟はあるのか？

日本茶に「新茶」があるように、コーヒーにも〝新豆〟が存在する。

コーヒーには10月1日〜翌年の9月30日をサイクルとした「コーヒー年度」という期間の単位があり、それに基づいて新豆かどうかを判断されている。

具体的には、コーヒー年度内に収穫されたものは「カレントクロップ」、そのなかでもとれたての特徴を残した豆を新豆、「ニュークロップ」と呼ぶ。逆に2年以上置いた豆は、「オールドクロップ」と呼ばれる。

それぞれの味は、新豆（ニュークロップ）は、酸味、甘味ともに強いのが特徴。ただし、コーヒーの場合、新豆だからといって飛び抜けておいしくなるわけではなく、人によっては味の落ちついたオールドクロップを好む人もいる。

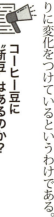

カップ麺の麺がカップ内で宙づりになっているのは？

カップ麺の麺は、容器の底までギッシリ詰まっているわけではない。カップ麺を分解したことがある人はご存じだろうが、容器の上下に隙間が空いていて、麺はカップ内に宙づりの状態で麺がおさまっているのだ。そうしておくと、麺が衝撃によって折れることなく輸送でき、カップの強度も強くなるためである。

また、カップの下に空間が空いていると、お湯を注いだとき、底のほうにも湯がたまるため、麺を上下からほぐすことができ、麺の仕上がりが一定になるのだ。

ニンニクの芽は、本当に芽？

中華料理でよく使われるニンニクの「芽」。ただ、そのニンニクの芽は鮮やかな緑色で細長く、どうみても「茎」にしか見えない。事実、ニンニクは、春になると、地上では葉や茎が伸びるが、その伸びた「茎」が「ニンニクの芽」と呼ばれている部分なのである。

では、なぜ、茎を「芽」というようになったのだろうか？　ニンニクは中国では古来、若い茎の部分や葉っぱの部分を食用にしてきたが、この「茎ニンニク」が中国から日本に渡ってきたとき、つけられた名前が「ニンニクの芽」だったのである。それ以来、日本ではこの呼び方で親しまれている。

ちなみに、ニンニクの芽をとるための品種と、実のほうをとる品種とは別モノで、ニンニクの芽をとるときには、茎が伸びやすく、やわらかい品種が用いられている。

焼肉料理での各部位の名前の由来は？

焼肉料理では、牛の各部位を独特の名前で呼ぶ。

まず英語に由来するのが、「ハツ」と「タン」。ハツ（心臓）は英語のハートに由来し、「タン」（舌）も英語のタンに由来する。

胃袋を「ミノ」と呼ぶのは、胃を切り開いた様子が「蓑笠」に似ているから。ホホ肉を「ツラミ」と呼ぶのは「面の身」からで、牛の第三胃袋を「センマイ」と呼ぶのは、無数のヒダがついているところから「千枚」となった。

また、「カルビ」は韓国語で、「アバラ骨の間の肉」という意味。

タコの足の先を切って調理する理由は？

タコを調理するときには、足の先を切り落とすのが常識。

これは、吸盤内に雑菌が棲みついているからだ。

そもそも、プロの料理人は、タコを調理する前に、大根おろしや塩で足をしごく。

これも、タコの吸盤には雑菌がいるからである。

ただし、足先は細いため、吸盤が小さ

く、雑菌を洗い出しづらい。そこで、足の先は切り落とすのだ。

アイスクリームは太りにくいって本当？

アイスクリームは高カロリー食品なので、食べたら太りそうだが、じつはそうでもない。

その理由は冷たさにある。人間の体は、冷たいものを食べると、体温をもとに戻そうとする。

すると、アイスクリームのカロリーの一部が、冷えた体を温めるために使われるので、すべてのカロリーが体に吸収されずにすむというわけだ。

「カルボナーラ」の名前の由来は？

スパゲティの「カルボナーラ」という名は、イタリア語の「炭」(carbone カルボーネ) に由来し、「カルボナーラ」(carbonara) は「炭焼き人」という意味。

そんな名がついたのは、「炭焼き小屋の保存食用に作られ始めたから」という説が有力。また、「黒こしょうが手についた炭を連想させた」という説もある。

ひやむぎの中に赤と緑の麺が混じっているのは？

白いひやむぎの中には、赤や緑の色つ

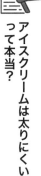

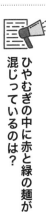

き麺がたまに混じっている。なぜ、色の異なる麺を混ぜるのだろうか？

メーカーによると、色つき麺を混ぜるのは「涼しさを演出する」ためだという。真っ白なひやむぎに、赤や緑の彩りを加えると、白さが一層ひきたち、より涼やかに感じられるという。また、赤や緑が食欲を刺激する効果もねらっているそうだ。

納豆にも〝旬の季節〟はあるのか？

〝新豆〟がとれる、11月から12月にかけてが、納豆のベストシーズンといえる。

また、発酵のタイミングでいうと、納豆菌をつけて発酵させてから、だいたい一週間たった頃がベストの味とされる。

発酵が足りない納豆は豆のまわりが白くなるが、発酵から一週間ほどたつと、豆のまわりが、白ではなく、透明にかわってくる。

これが食べごろのサインだ。

アンパンの中身をどうやって入れる？

アンパンの中に、どうやって餡を入れるのだろうか？

答えは簡単で、焼く前の生地の段階で、具を入れているのである。まず、一時発酵が終わったパン生地を平らに伸ばし、その真ん中に具をのせる。次に、まわりの生地を中央に寄せて、合わせ目をきちんと閉じる。

そして、具を入れた生地を二次発酵させてからオーブンで焼く。

その際、継ぎ目を下にして焼けば、焼き上がった時に継ぎ目がわからなくなるというわけだ。

食パンと乾パンは、どうちがう？

非常食用の乾パンは長く保存しておいても食べられる。

一方、食パンはすぐに食べられなくなってしまう。そのちがいは、両者のデンプンの状態が異なっていることによって生じる。

デンプンは、βデンプンと呼ばれる状態では食べられないので、水と熱を加えて、食べられる状態のα（アルファ）デンプンに変える必要がある。

ところが、いったんα化しても、水分が多く含まれていると、翌日にはβデンプンに戻ってしまう。食パンが固くなるのは、このためだ。

だから、パンの保存性を高めるためには、水分を少なくする必要がある。その分かれ目は、水分量15%。乾パンやクッキーなど、保存のきく食品は水分量をそれ以下におさえてある。

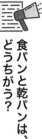

ラーメンに使う「鹹水」ってどんなもの？

ラーメンの麺が縮れているのは、「鹹《かん》水《すい》」が使われているから。その鹹水の「鹹」は天然ソーダを意味している。つまり、鹹水とは、天然ソーダが溶けた水のことだ。

この鹹水と小麦粉のグルテンが合わさると、麺が縮れるうえ、あのラーメンの麺独特のコシや弾力が生まれるのだ。さらに、麺が黄色くなるのも、鹹水の働きによるもの。

小麦粉の中の色素と鹹水が反応して、麺は黄色く発色するのだ。

なぜチーズには穴があいている？

チーズには、表面に細かな穴が開いているタイプがある。その穴は「チーズアイ（チーズの目）」と呼ばれるが、そんな穴ができるのは、製造中に「プロピオン酸菌」という微生物を加えるからである。

チーズの製法は、まず牛乳に酵素や乳酸菌を加えて凝固させ、ホエーと呼ばれる液体を分離させる。その後、熟成させる過程で、微生物を加える。それが、炭酸ガスを発生させ、そのガスの抜け道が「チーズアイ」となるのだ。

「しゃぶしゃぶ」という名前の由来は？

しゃぶしゃぶは、薄切りの牛肉を熱いスープにさっとくぐらせ、ポン酢やゴマダレで食べる鍋料理。もとは、中国北方民族の「シュワ・ヤン・ロウ」という羊肉を使った料理に由来するとみられる。その料理を、中国北部で生活していた人が日本に持ち帰り、羊肉の代わりに牛肉が使われるようになった。

しゃぶしゃぶを、現在のような形で出すようになったのは、大阪に店を構える肉料理の老舗・スエヒロ本店。そして昭和27年、この料理を考案中だったスエヒロの店主が、台所で布巾を洗う「じゃぶじゃぶ」という音を聞いて、この名に決めたと伝えられている。

ケンタッキーとテネシーがバーボンの聖地になったのは？

バーボンウイスキーの製造地としては、米ケンタッキー州と隣接するテネシー州が有名だ。この地域がバーボン産地になった背景には、税金が関係していた。

独立戦争後の1791年、「酒税法」が成立し、蒸留酒に重税がかけられることになった。すると、ウィスキー製造の中心地だったペンシルベニア州などから、多くのウィスキー製造業者が、当時州に昇格したばかりで、政府の影響がおよびにくかったケンタッキーやテネシーに移り住んだ。

それが、この地でバーボンが発展する原動力になったのだ。

しかも、この地域には、バーボン製造に必要な条件がそろっていた。原料のトウモロコシ栽培に向いていたうえ、ウィスキー作りに適した良水が手に入った。また、樽に使うオークにも恵まれていたのである。

カルパッチョってどういう意味？

イタリア料理のカルパッチョは、生の牛ヒレ肉に、マヨネーズとマスタードを混ぜたホワイトソースをかけた料理。この料理は歴史が意外に浅く、ベネチアの有名店「ハリーズ・バー」の初代オーナー、ジョゼッペ・チプリアーニが1950年にレシピを考えたもの。

この店の常連客の伯爵夫人が、医師から食事制限を言い渡されていた。

そこで、彼女のために低カロリーの特別メニューを作る際、店のオーナーの頭に浮かんだのは、ルネサンス期の画家であるヴィットーレ・カルパッチョだった。

そこで、その料理を「ビーフ・カルパッチョ」と命名したのだ。

しば漬けの「しば」って何のこと？

しば漬けの歴史は、鎌倉時代にまでさかのぼる。

発祥の地は京都郊外の大原八瀬で、平家の生き残りの建礼門院は、洛北の尼寺「寂光院」で暮らしていた。里の人たちが彼女に献上したのが、このしば漬けだったという。

ナスやキュウリ、ミョウガなどを紫蘇の葉で漬け込んだしば漬けを、建礼門院は気に入り、「紫《むらさき》葉《は》漬《づ》け」と名付けたという。つまり、「しば」とは紫蘇の葉という意味だったのだ。

カレー・ルーの辛さはどんな基準で決められる？

カレー・ルーのパッケージには、カレーの辛さが一目でわかるよう、「甘口」「中辛」「辛口」などと表記されている。では、その辛さは何を基準にして決められているのだろうか？

カレーの辛さは、おおむね、唐辛子の辛味成分「カプサイシン」と、こしょうの辛味成分「ピペリン」の量によって決まり、甘口・中辛・辛口は、それらをどう配合するかで分けられている。

ただし、各メーカーは配合量で機械的に分けているわけではなく、試作品を実際に食べてみて、最終的には人間の舌によって、辛口、甘口などに分類している。

ウニの瓶があんなに分厚いのは？

ウニの瓶詰は、とにかく瓶が分厚い。それは重さを増し、またレンズ効果を期待してのことだ。

ウニは高級食材だけに、瓶の中身はごく少量。そこで、分厚い瓶を使って、手にずっしりと重く感じさせようとしているのだ。また、厚い瓶はレンズの役割をして、中のウニを大きく見せるという効果も期待されている。

春が旬なのに「夏みかん」と呼ぶのは？

「夏みかん」が店頭に出回るのは、2月から5月にかけて。冬から春のフルーツなのに、「夏みかん」と呼ばれるのは、なぜだろうか？

夏みかんの実がなるのは秋。ただし、なった実をすぐに収穫すると、酸っぱくて食べられたものではないので、木に実をつけたまま、酸味がやわらぐのを待つ。かつては、食べごろになるのは翌年の初夏あたりだったので、「夏みかん」という名前がついた。

その後、品種改良によって春先には出

荷できるようになったのだが、名前は馴染み深い「夏みかん」と呼ばれつづけているというわけ。

ギョーザが三日月形をしているのは？

ギョーザが三日月形になった理由をめぐっては、二つの説がある。

一つは、清朝末期まで使われていた「元宝銀」という馬蹄形の銀貨をかたどったという説。もう一つは、祭事に使われていた「元宝」といわれる一種の紙幣を写し取ったという説で、いずれにせよお金と深く関わっている。

中国の人たちは、「春節」の日にギョーザをたらふく食べる。旧正月にあたる春節に、家族みんなで三日月形のギョーザを食べ、お金に恵まれることを願うのである。

家庭でイカを干してもスルメにはならないのは？

スルメは、イカを開いて内臓を取り、干してできる食品。ただし、家庭などで単に乾かしただけでは、スルメと呼べる味にはならない。微生物の働きが必要なのだ。

スルメは、納豆やチーズと同様の発酵食品で、独特のうま味は、微生物（発酵菌）が「イノシン酸」などのうま味成分を作ることによって生じる。スルメを作っている漁港の干し場には、そうした微生物が付着しているため、イカがスルメへと発酵するのだ。

一方、家庭にはそのような微生物がいないため、乾かした際、「干しイカ」にはなっても「スルメ」にはならないのだ。

固くなったヨウカンが白っぽくなるのは？

ヨウカンの端が白くなるのは、その部分に砂糖の結晶が噴き出してくるから。

ヨウカンには大量の砂糖が使われ、砂糖が防腐剤の役割を果たしている。砂糖づけにすると、細菌が生きられなくなるため、ヨウカンはひじょうに腐りにくい食べ物なのだ。

しかし、長期間保存していると、ヨウカンは端のほうからしだいに乾燥してくる。

すると、ヨウカン内部に溶けこんでいた砂糖が結晶となって表面に出てくる。それが白く見えるのだ。

ジャガイモの品種メークインの語源は？

ジャガイモの代表的品種「メークイン」（May Queen）。

早生多収で、「男爵」をおさえて、多く作られている。

このメークインという名は「早生多収」という特徴を表したもの。「メイ」は繁殖・成長の女神「Maia」（マイア）にあやかっている。

五月に多くの実をつける品種にぴったりの名だ。

日本で最初にお弁当に「お手拭き」をつけたのは？

日本で初めて、弁当にお手拭きをつけたのは、シウマイで有名な横浜の崎陽軒である。

昭和30年、アルコールをひたした紙を袋に詰めた「簡易お手拭き」を考案した人がいて、崎陽軒がそれを採用。駅弁に添えたのだ。

カキがホタテの貝殻で養殖されるのは？

カキはホタテの貝殻を利用して養殖されている。ホタテの貝殻のほうが、形や大きさがそろっているので作業がしやすいからだ。カキの貝殻は大きさがまちまちなうえ、表面がゴツゴツしているので、作業しにくいのだ。

また、ホタテの貝殻には種ガキが付着しやすく、離れにくいというメリットもある。カキの養殖には、カキそのものより、ホタテの貝殻のほうが向いているのだ。

レタスは軽いほうが上質とされるのは？

通常、野菜を選ぶとき、同じ大きさなら、重いものを選んだほうがいいとされる。

たとえば、キャベツや白菜はそのほうが巻きがしっかりしていて、中身が詰まっているからだ。

ところが、同じ葉ものでも、レタスは軽いものを選んだほうがいいとされる。重いレタスは、葉が固くなっているからだ。すると、サクサクしたレタスの持ち味を楽しめなくなってしまう。しかも、葉が固くなったレタスは、栄養が抜け落ちてしまい、味が落ちていることが多いのだ。

細長く切るのになぜ「ショートケーキ」？

「ショートケーキ」は小さく切ってあるから「ショートケーキ」だと思われがちだが、じつはまったくちがう。

英語の〝short〟には、「短い」のほかに、お菓子などが「もろい」という意味がある。スポンジを土台にしているショートケーキは、食べるとボロボロとくずれやすい。そこで、もろくて壊れやすいケーキという意味で、「ショートケーキ」と名付けられたのである。

カレーを入れる銀の器が不思議な形になったのは？

レストランでカレーを頼むと、カレーとご飯が別々の容器に盛られて出てくることがある。そのとき、カレーは不思議な形の容器に入ってくるはずだ。

カレーの本場インドでは、あのような形の容器に入れて出すことはなく、陶器に盛ったり、植物の葉に盛ったりする。それなのに、日本であのような形の容器に盛るのは、イギリスの影響とみられる。日本にカレーを伝えたのは、インド人ではなく、イギリス人なのだ。

あの形の容器は、西洋では「ソースポット」と呼ばれ、ソース入れとして使われている。イギリスにもカレー入れに使う習慣はないのだが、日本ではカレーが伝わったとき、カレーを入れるのに向いていることに誰かが気づき、ソースポットをカレー用にも使うようになったとみられる。

ソーセージの包装にオレンジ色が使われるのは？

ソーセージの包装には、オレンジ色のフィルムが使われることが多いが、これは製品の劣化を防ぐため。透明色のフィルムだと、太陽光などの影響で製品が傷みやすいので、光をさえぎるオレンジ色が使われているのだ。

また、オレンジ色のような赤系統の暖色は、色彩心理学では「人間の食欲をそそる」とされている。要するに、オレンジ色を使うと、おいしく見え、売り上げが伸びるのである。

七味唐辛子の入れ物はなぜひょうたんの形？

七味唐辛子の入れ物は、ひょうたん形のことが多い。これは昔、本物のひょうたんに七味唐辛子が入れられていた名残りだ。

ひょうたんの七味入れが登場したのは江戸時代の中頃のこと。その頃、香辛料としての唐辛子が少しずつ広まり、浅草の仲見世に専門店が現れた。しかし当時、唐辛子はまた庶民にはなじみが薄く、人々の注目を集める必要があった。そこで、ひょうたんの中をくりぬき、その中に詰めて軒先からぶらさげたと伝えられている。

缶入り茶の缶に窒素が詰められているのは？

缶入り緑茶は炭酸飲料ではないのに、開けたとき、「プシュッ」という音がする。あの音は、缶の中に詰められた窒素が抜けていく音だ。

もともと、茶は色や味、香りが変化し

やすい飲み物。それは、茶が空気中の酸素と結びついて酸化するためで、茶は缶に詰めても、そのままでは缶の中で酸化が進行する。

そこで、メーカーは缶に窒素を詰め、酸素を追い出すことで酸化を防止している。その窒素のおかげで、缶入り茶は多少日がたってもおいしく飲めるというわけだ。

アメリカ製ビールはなぜ味が淡白なのか？

アメリカでは、禁酒法以前には何百というビール製造業者がいて、多様なビールをつくっていた。それが、第2次世界大戦後、企業の合併、吸収が繰り返されるなか、大規模な企業が生まれた。そういった大企業が誕生する過程で、現在のように、淡白なビールがつくられるようになったのである。

コクのあるビールよりも、淡白なビールのほうが飲みやすい。ジュースのようにガブ飲みできるビールをつくることで、消費を拡大。利益率をあげて、企業間の競争に勝ち抜こうとしてきたのだ。

ペットボトル入りのビールがないのは？

茶、炭酸飲料、コーヒー、紅茶など、多様な飲み物がペットボトル入りで売られている。でも、ペットボトル入りのビールだけは見かけない。なぜだろうか？

これは、ペットボトルからは、わずかながら二酸化炭素が逃げていくため。サイダーやコーラなど、炭酸分の多い飲料なら、二酸化炭素が少々逃げ出しても、品質に変化はない。しかし、ビールに含まれている炭酸量は、サイダーなどの半分ほど。その分、炭酸ガスが逃げ出すと、気が抜けたような味になってしまうのだ。

カクテルを作るときに、激しくシェイクするのは？

カクテルをつくるとき、バーテンダーはシェーカーを激しくすばやく振る。カクテルは、シェーカーをどう振るかで味がまったく変わってしまうからだという。

シェイクする目的は、アルコールとジュース類をしっかり混ぜ合わせること。その際、すばやくシェイクすると、酒に酸素が混ざり、細かな気泡となって、飲んだときの刺激をやわらげてくれる。それによって、強い酒もまろやかな味となって、飲みやすくなるのである。

カクテルに「スクリュードライバー」という名がついたのは？

「スクリュードライバー」といえば、英語で「ねじ回し」という意味。なぜカクテルにそんな名前がついたのだろうか？

最有力の説は、次のとおり。かつてイランの油田で、仕事を終えたアメリカ人労働者たちは、ウォッカとオレンジジュースを混ぜた酒をよく飲んでいた。ただし、作業現場だけに、ステア用のマドラーやバー・スプーンはない。

そこで、スクリュードライバー（ねじ回し）でかき混ぜたことから、この名がついたという。

三重県生まれの天むすが名古屋名物になったのは？

天むすは名古屋名物として知られているが、じつは発祥の地は三重県の津である。

同市の「千寿」という店で、まかない料理として作られはじめたものだった。忙しい合間に食べられるように、店主の奥さんが海老の天ぷら入りのおむすびを作ったところ、予想外に好評だった。そこで昭和32年から、店用のメニューに「天むす」を加えたのだった。

三重生まれの天むすが〝名古屋名物〟として日本中に広まったのは、２００５年開催の愛知万博以降のこと。万博開催時、千寿の天むすが「名古屋めし」として全国的に紹介され、人気を博した。以降、名古屋周辺で天むすを出す店が増えることになった。

中国の箸の先はどうして丸い？

中華料理の高級店に行くと、先が丸い箸が出てくるもの。なぜ、中国の箸は先が丸いのだろうか？

箸が使われはじめたのは、約５０００年前の中国。揚子江南部でコメ作りが始まったのがきっかけとなって、箸が生まれたとみられている。手では食べにくいコメが作られるようになって、箸が発明されたと考えられている。

その先の丸い中国式の箸が、日本へは稲作とともに弥生時代に入ってきた。やがて、日本では先がとがった形になったのは、日本人が古代から魚を食べていたからだろう。先の丸い中国の箸では小骨などを取り除きにくいので、しだいに先端が細くなったとみられる。

一方、当時の中国ではあまり魚を食べなかったため、箸の先端を細くする必要がなかったのである。

角砂糖はあるのに角塩がないのは？

砂糖には角砂糖があるが、「角塩」という商品はない。なぜだろうか？

これは、塩はわざわざ固形にするよりも、粉状のほうが使いやすいからだ。たとえば、煮物をするにしても、塩は粒のままのほうが溶けやすいうえ、食材によくなじむ。

しかも、塩を固形にすると、量を調節しにくくなるため、塩加減を調整しにくいうえ、塩分の摂り過ぎになるという心配もでてきそうだ。

韓国料理の食器がステンレス製なのは？

日本では、陶磁器の食器と木でできた箸を使うが、韓国では皿、丼、スプーンから箸に至るまで、ステンレス製の食器が使われている。なぜだろうか？

そもそも、韓国では昔から金属製の食器が使われてきた。古くから庶民は真鍮製の食器、王族は銀製の食器を使ってきた。韓国で、金属の食器が使われるのは、古くから中国やモンゴルの侵略を受けてきたことや、戦争や内乱が多かったことが原因と考えられている。重くて割れやすい陶器よりも、金属製の食器のほうが運び出す際などに便利だったのである。

とりわけ、ステンレス製食器は、1950年6月25日に始まった朝鮮戦争がきっかけとなり、一気に普及した。

3

業界・仕事

ガソリンスタンドの屋根があんなに高いのは？

ガソリンスタンドの屋根は、5～6メートルはあるもの。あんなに屋根が高い理由の一つはクレーン車の給油に対応するためだ。

もう一つ、安全上の問題もある。ガソリンは気化しやすいため、給油する付近には、気化したガソリンがたえず漂っている。ガソリンスタンドの屋根が低いと、気化したガソリンが滞留しやすくなるので、それを防ぐため、屋根を高くして風通しをよくしているのだ。

ガード下にやきとり屋が多いのは？

ガード下にやきとり屋が並ぶのは、戦後の闇市の最後の名残りといえる。

敗戦直後、日本人にとって肉は大変な貴重品だった。そこで肉の代わりに、牛や豚の内臓を串に刺して焼いたものを「やきとり」と称して売る店が増えた。安価で栄養豊富な〝やきとり〟は、好評を呼び、この手の店がどんどん増えていった。そういう店の多くがガード下に店を構えたため、今日もガード下といえばやきとり屋という伝統が続いているのである。

テレビドラマの再放送で、出演者のギャラはどうなる？

テレビドラマが再放送されるとき、出演者には、最初の出演料の10％前後のギャラが支払われている。ただし、その額に明確な基準はなく、10％を上回る場合もあれば、下回る場合もある。

たとえば、最初の放送のときは、売れっ子ではなかったが、再放送時には人気がでていたというケースなど、最初のギャラの10％では芸能人が納得しないからだ。逆に、芸能人としての価値が下がっていれば、10％を下回ることもある。

ボールボーイのバイト代って、いくらくらい？

プロ野球のボールボーイは、専属の社員ではなく、全員がアルバイト。通常は、1年契約で採用されている。

そのアルバイト料は、1試合7000円ほどが相場。オープン戦などを含め、1年間に100試合くらい行われると、収入は年間70万円程度になる。アルバイトとして割がいいかどうかは意見の分かれるところだろうが、役得はむろんプロ選手のプレーを間近に観られること。野球好きにはたまらないアルバイトであり、採用にあたってはかなりの倍率になる。

南極越冬隊の収入はどれくらい？

南極大陸の昭和基地には、南極の気象や生物などを観測・調査するために、隊員が常駐している。彼らは正式には「南極地域観測隊」と呼ばれ、夏隊と冬を担当する越冬隊とがある。彼らの収入はどれくらいだろうか？

まず、南極での任務に就くのは、気象庁をはじめとする各省庁の職員が多い。彼らは公務員なので、公務員としての給料が支給されている。

ほかに、調理や医療、機械の修理といったサポート業務もある。その仕事に就く人たちは、公務員以外から集められる場合が多く、たとえば調理担当者は、大人数分の調理を効率よくこなせるホテルなどのスタッフから採用されている。帰国後は、元の職場に復帰することになる。とはいえ、特別に高い報酬が出るわけではなく、「一般の国家公務員レベル」と決められている。

中古ゴルフクラブの値段は、どうやって決まる？

中古クラブは、いくらくらいで買い取られ、いくらくらいで販売されているのだろうか？

買い取り価格は、新品の市価価格の10〜40％が目安。モデルの年代や傷の程度によって評価がちがってくる。もちろん、傷は少なければ少ないほど高い値段がつく。また、新型の人気モデルであれば、これ以上の高率での買い取りも期待できる。

一方、売られるときの値段は、買い取り価格の10〜50％増し。ただ、50％増しになるのは人気モデルで傷がないものにかぎられている。

理髪店は一人散髪して、いくらくらい儲かる？

理髪店は、都市部で4000円程度、地方で3500円くらいというのが一応の目安。都市部を例にとると、4000円のうち40％は経費に消えていく。経費の内訳は、水道代、ガス代、整髪料代、家賃などである。

4000円の料金のうち40％が経費とすると、お客1人当たり2400円が粗利となる。

普通の調髪だと、50分から1時間はかかるので、理髪師の時給は2400～3000円弱ということだ。

1日にこなせる客数は、8人ほど。8人とすると、1日の稼ぎは1万9200円だ。これで月間25日働くとすると、50万円弱。年収に直すと、約600万円になる。

縁日で売られているヒヨコの種類は？

寺社の縁日でヒヨコが売られていることがあるが、そのヒヨコにブロイラーの雛はいない。ブロイラー用のヒヨコは、鶏肉を売るために育てられるので、縁日で売られることはない。

縁日のヒヨコとして売られているのは、採卵用の白色レグホーン種のオスである。採卵用の白色レグホーン種は、卵からヒヨコにかえると、すぐにオスとメスに選別される。

卵を産むのはメスだけなので、オスは育てても意味がないのだ。

名誉教授には、どんな特典がある？

「名誉教授」になる主な条件は、長年教授を務めていたこと。その年限は大学によってちがうが、国立大学ではおおむね15年間となっている。つまり、40代半ばまでに教授になり、定年まで無事に務めあげれば、定年後、名誉教授という称号がついてくるというわけである。

ただし、名誉教授は、その名前どおり、純然たる名誉職なので、〝特典〟はほとんどないという。大学や図書館の入館証が渡されるほかは、大学から定期刊行物が送られてくる程度だという。

同じ商標が同じ日に申請されたら、特許庁はどうする？

誰かが特許庁に商標を登録すると、他の人はその名前を勝手に使えなくなる。その登録商標は、1日でも早く特許庁に申請した人に与えられるのだが、ときに偶然が生じる。同じ日に、同じ名前が申請されることがあるのだ。

そのようなとき、どうするかというと、商標法にはそうした場合の対処法がきちんと書かれている。まず、申請した者同士で話し合いを行い、どちらかが譲れば、それで一件落着。話し合いで解決しない場合には「くじ」で解決するのだ。

申請が重なった企業などの代表者を特許庁に集め、歳末福引セールでおなじみのガラポンを回して、権利者を決めている。

競馬騎手学校のメニューは？

競馬の騎手学校へ入学してくるのは、中学を卒業したばかりの生徒たち。騎手は太るわけにはいかないので、生徒たちは成長期でありながら、減量（体重維持）にもつとめなければならない。そこで、寮の食事メニューは、体作りと体重調整の両面を考え抜いたものとなっている。

その内容は、朝食は、食パン2枚にベーコンオムレツ、サラダ、チーズ。昼食は、ご飯とみそ汁に、天ぷら、こんにゃくの炒り煮など。夕食は、他の高校生に比べると軽めで、丼物に野菜料理、フルーツゼリーなど。

これで、一日の摂取カロリーは2200キロカロリー程度になる。騎手学校の生徒たちは、毎日、激しい運動をしているので、これで太ることはなく、体重を維持できるという。

居酒屋の店先にある茶色い球はなんのため？

居酒屋には〝茶色い玉〟を軒先に吊る

している店がある。

あの茶色い玉は正式名を「酒林《さかばやし》」といい、かつては造り酒屋で新酒の完成を知らせるときにぶらさげるものだった。毎年、新米を使った新酒は、年の暮れ頃にできあがる。造り酒屋では、新酒の完成をアピールするため、杉の葉を束ねて丸く刈り込み、玉にした杉玉を門前にぶらさげた。ただし、造り酒屋には青々とした杉玉が飾られていた。

やがて、居酒屋がその風習を真似て、玄関先に下げるようになった。居酒屋は一種のインテリアとして長く飾るため、最初は緑色の杉玉も、しだいに枯れて茶色になってしまうのだ。

養蜂家がハチに刺されないのは？

養蜂家は、ハチを扱うにもかかわらず、軽装で仕事をしている。長袖シャツに長ズボン、顔のまわりを覆う網のついた麦わら帽子をかぶる程度だ。そんな軽装でハチの巣に近づける秘密は「煙」にあるという。

くん煙器という機械で、わらや麻袋を燃やして煙を出し、その煙を巣箱に吹きかける。すると、ハチは煙が苦手なので、おとなしくなるという。また、ハチの駆除に向かうときも、煙を体に吹きかけておくと、ハチに刺されることはないそうだ。

オペラのチケットがあんなに高いのは？

オペラのチケットの値段は、5万円もすることがある。なぜ、それほど高額なのだろうか？

理由は単純で、公演に関わる人数がひじょうに多いからだ。歌手、オーケストラのメンバー、芸術監督、演出家、演出助手、指揮者、副指揮者、装置、衣装、照明、メイクといった関係者を数え上げると、その数は150人を超える。さらに、オペラは、舞台装置や衣装にもお金がかかる。

しかも、有名歌劇団が来日公演する際には、数百人のスタッフの移動・滞在費や、機材の輸送費、日本側スタッフの人件費なども加わる。そんなこんなで、チケットの値段が5万円もしても、収支はトントンくらいになるのだ。

救急車が消防署の管轄なのはどうして？

消火が専門の消防署が、救急車も運用しているのは、なぜだろうか？

消防署に初めて救急車が置かれたのは、昭和八年、神奈川県横浜市警察部の山下消防署でのこと。その翌年、愛知県名古屋市警察部の中消防署が、翌々年に東京都の警視庁消防部が、救急車を配備するようになった。以上からもわかるように、消防行政はもともと、都道府県の警察組織によって担われていたのだ。

戦後の昭和23年、消防署が警察から分離することになったさい、消防署に通報設備があること、署員が応急処置を心得ていることなどの理由から、救急車は消防署の管轄になった。

タクシーが燃料にＬＰガスを使うのは？

タクシーにはＬＰガス車が多いが、これはＬＰガスのほうが燃料費が安く上がるため。燃費は、ＬＰガスはガソリンよりも劣るのだが、値段はＬＰガスのほうがガソリンよりもはるかに安い。結局、ＬＰガスのほうが安く上がるというわけだ。

ただし、一般車の場合、ガソリンスタンドに比べてＬＰガスのスタンドは数が少ないため、給油するだけで一苦労となってしまう。タクシーの場合は、タクシー会社がＬＰガスのスタンドを持っているケースが多いので、給油に手間取らずにすむのである。

フグの調理師が簡単には引越せない理由は？

フグの肝臓や卵巣には、テトロドトキ

シンという猛毒が含まれている。そのため、フグをさばくことができるのは、フグ調理師の免許をもつ人に限られている。また、フグを扱う店では、さばいたフグを処分するためのカギつきのゴミ箱を用意し、専門の廃棄業者に引き渡すなど、厳しい管理が義務づけられている。

　フグの調理師免許を発行するのは、各都道府県。試験を受けて合格しなければ、フグ調理師の免許は得られない。さらに、規定が都道府県によってちがうため、免許を受けた都道府県以外では、フグを調理できるとは限らない。だから、フグの調理師は、簡単には都道府県境を越える引越しはできないそうだ。

陳列棚に幅90センチのものが多いのは？

　商品を並べる陳列棚には、幅90センチのものが多い。なぜかというと、この幅が客にとって一番見やすいサイズだからだ。

　たとえば、お客がスーパーなどで目当ての商品が並んでいそうな棚の前に立ったとき、お客と棚の距離は70センチ程度。すると、お客の視野に入る棚の幅は約90センチ程度になるのだ。

　事実、棚の幅が一メートルを超えると、商品が一度に視野に入ってこないため、お客は探しにくくなるし、反対に棚の幅が狭いと目線を次々に移動させなければならないため、お客は買いにくくなってしまう。

スーパーの通路が奥に行くほど広くなるのは?

スーパーの客単価は、お客の動線の長さに比例する。つまり、一人のお客が使う金額は、そのお客が店内を歩き回った距離に比例する。そこで、スーパーでは、客動線を伸ばすために、さまざまな工夫をしている。

店内奥の通路を他の通路に比べて広くしているのも、その作戦の一つ。スーパーには、店内奥の通路のほか、レジ前通路や、中通路など、いくつもの通路があるものだが、奥の通路を広くするのは、通路に「メイン」と「サブ」の序列を作るため。「メイン」と「サブ」があれば、メインの方まで行ってみたくなるのが人間心理。結果、奥の通路を広くして、お客を引き込めば、客動線が伸びることになる。そうして、店の奥まで引きずり込まれたお客は、知らず知らずのうちに〝ついで買い〟することになるのだ。

スーパーは値下げのタイミングをどう判断している?

スーパーでは、食品の賞味期限が迫ると、商品に「3割引」などと書いた〝お買い得シール〟を貼りつける。そうした商品値下げのタイミングをどうやって見計らっているのだろうか?

スーパーでは、毎日、商品の鮮度チェックを行っている。チェックを担当するのは、「鮮度パトロール係」と呼ばれる店員さん。パトロール係は、一般食品をはじめ、お菓子や冷凍食品などの日付のラベルを、一品一品チェックしていく。賞味期限の過ぎたものが棚に並んでいると、店の信用が失われてしまうためだ。

加えて、パトロール係は、日付チェックと同時進行で、賞味期限の記載のない野菜や果物の鮮度チェックも行う。そして、賞味期限が迫っていたり、鮮度が落ちている食品に〝お買い得シール〟を貼っていくのだ。つまり、値引き商品があるというのは、裏を返せば、商品チェックを念入りに行っている証拠だともいえる。

茶畑に大型扇風機が設置されているのは?

茶の栽培には山間地が適している。ところが、山間地では、新茶の時期に茶葉の天敵である霜が降りやすい。その霜害から茶葉を守るために用意されているのが、茶畑に立つ「扇風機」だ。業界では「防霜《ぼうそう》ファン」と呼ばれている。

早朝に冷えた空気は比重が重くなっ

て、茶畑の低いところに降りてくる。それが、茶葉などに水分を結晶させて霜を結ぶ。

そこで、防霜ファンは、霜の降りそうな低温になると、センサーが働いて羽根が回り出す仕組みになっている。冷たい空気を攪拌《かくはん》して、それ以上温度が下がらないようにして、霜を防いでいるというわけだ。

ニワトリに卵を産ませるのに、電気代がかかるのは？

採卵用のニワトリ「白色レグホン」は、1日1個近いペースで卵を産むように品種改良されている。しかし、いくら品種改良されていても、厳密には1日1個ではなく、実際には24時間とプラスαと、少しずつ卵を生む時間がズレていく。

たとえば、今朝7時に卵を産めば、翌日は8時近くになる。そうして徐々にずれていくと、午後2時以降は卵を産まないので、その日の分は翌日に持ち越しになる。

すると、採卵ペースが落ちるので、電灯を照らして〝日照時間〟を長くするのだ。

すると、翌日にずれこむ分をその日に産んだり、なかには1日に2個産むニワトリも現れて、採卵ペースがアップするのだ。

お子様ランチの原価率は？

お子様ランチは、店側からみると、儲からないメニュー。原価率が高いからだ。

お子様ランチは、ハンバーグやオムレツなど、子供が好む料理で構成され、赤、緑、黄などの彩り豊かな食材を、少しずつ盛り付けてあるもの。すると、いろいろな食材を用意しなければならないうえ、手間もかかる。しかも、値段は大人用メニューよりも安めに設定しなければならない。だから、お子様ランチでは利益は出ないのだ。エビフライを入れることが多いこともあって、原価率が60％（普通のメニューは30％前後）を越える店もあるくらいだ。

ホテルのドアに回転ドアが多いのは？

ホテルの入り口には、なぜか回転ドアが多い。これは、普通のドアにすると、開閉するたびに外気が館内に入り込むため。夏場は熱気、冬場は冷気が入り込み、せっかくの空調効果が薄れてしまうのだ。

一方、回転ドアなら、外気と屋内の空気が直接触れることはなく、出入口周辺も適温に保つことができる。それが、省エネにもつながるというわけだ。

マンションの販売業者が「完売御礼」の広告を出す目的は？

マンション販売の折り込み広告には「完売御礼」と印刷されていることがある。もう売り切れているのなら、それ以上宣伝する必要はないはずだが、なぜお金をかけてまで〝御礼〟するのだろうか？

じつは、この「完売御礼」広告こそ、最も効果的な宣伝文句だからである。

「完売御礼」と印刷された広告には、「第一期販売」とか「第二期販売」という文字が並んでいるはずである。大規模なマンション開発では、いくつもの棟が建てられるが、それらを一度に売り出すと、完売までに時間がかかり、資金回収に手間どる。

そこで、不動産業者は何回にも分売し、たとえば第一期販売で全戸売れると、完売御礼の広告を出す。すると、広告を見た人は、完売するくらいなら、いいマンションなんだろうと考え、第二期販売に興味をもってくれるというわけである。

美術館は絵の購入価格をどうやって決めている？

国公立の美術館は、通常、絵画のオークションに参加しない。近年、絵画の値段は高騰し、オークションで買っていては、予算がいくらあっても足りないからだ。そこで、美術館では妥当な購入額を自ら決めて、その価格にもとづき、持ち主と交渉するというスタイルをとっている。つまり、購入価格を美術館側が決めるという方式である。

　国公立美術館の場合、まず美術館ごとに設けられた価格評価委員会の委員に妥当と思われる値段を提出してもらう。そして美術館では、評価委員たちが示した金額のうち、最高と最低金額を除いた残りの金額の平均価格を購入妥当金額とする。

　美術館では、その金額をもとに、画商らと交渉するのだが、むろん提示価格が低すぎて商談がまとまらず、購入をあきらめるというケースもよくある。

カーショップでは展示車をウインドウの中にどう入れる？

　カーショップでは、ショーウインドウの中にクルマを展示していることがある。また二階、三階にクルマを並べているところもある。どうやって、そんな場所にまで運びこむのだろうか？

　まず、ショーウインドウには、ガラスを取りはずして入れる。ガラスをはずして、道路側から展示用のクルマを入れ、またガラスを入れ直すのである。

二階、三階にまで運び入れる場合は、専用のエレベーターを使う。カーショップには、お客の目につきにくいところに、クルマ用の大型エレベーターが用意されているのだ。

全米ナンバーワンの映画が数多くあるのはどうして？

アメリカ映画の宣伝コピーをみると、一年間に多数の映画が「観客動員、全米ナンバーワン」であることをセールスポイントにしていることに気づく。

「全米ナンバーワン」が多数あっても、それは配給会社がウソをついているわけではない。ただし、その「全米ナンバーワン」のうち、ほとんどは年間ナンバーワンでもなければ、月間ナンバーワンですらない。その多くは、一週間だけのナンバーワンだ。たとえトップに立ったのは一週間でも、「全米ナンバーワン」であったことには間違いないのだ。

というわけで、米映画には、「全米ナンバーワン」を名乗る映画が何十本とあるのだ。

日本中で同じ土産物が売られているのは？

近年は、いろいろな地方で、同じような土産物が店頭に並んでいる。

これは、全国的規模でビジネスを展開

している土産物の卸業者が、全国共通の商品を各地の土産物店に卸しているため。卸業者は、同じ土産物を、九州にも北海道にも卸し、九州では「九州土産」として、北海道では「北海道土産」として売り出している。そこで、商品名や外の包装はちがっても、中身は同じものが日本中に出回ることになるのだ。

ホテルの照明が薄暗いのはどうして?

ホテルの照明が暗いのには、それなりの理由がある。第一には、ホテルがくつろぐための場所だから。照明が明るいと、ゆっくり休みにくい。そこで、明るさを落としてあるのだ。

また、お客によっては暗いほうがいいという人もいるため、ホテルの照明は明るさを調節できるようになっている。仕事をするため、明るい照明がほしいときは、フロントに申し出れば、多くのホテルでは卓上スタンドを貸してくれる。

日本の教会でライスシャワーが禁止されているのは?

結婚式を終え、教会から出てきた新郎新婦に、お米を浴びせる「ライスシャワー」。米が豊かに実るように、2人が子宝に恵まれ、食べ物に困りませんようにという願いが込められた儀式だ。

欧米ではポピュラーな儀式だが、日本の教会ではほぼ禁止されている。その理由は、後の掃除が大変だからだ。

日本では教会式の結婚式といっても、多くの場合、ホテルや結婚式場に併設された教会風の建物で行われている。もし、米をばらまかれたら、次の式に間に合うように、大あわてで掃除しなければならない。式場側としては歓迎できない〝儀式〟というわけだ。

ラスベガスのホテルの窓が開かないのは？

ラスベガスのホテルでは、客室の窓が開かないことが多い。これは「カジノで財産をなくした人が自殺するのを防ぐため」という説がささやかれているが、本当の理由は別のところにある。

全自動窓拭き機を使用するためだ。ラスベガスのホテルは、とにかく大きいので、客室の窓を拭くには、機械式の全自動窓拭き機を使わざるをえない。そのためには、客室の窓が開かないほうが好都合なのだ。

また、窓が開かないということは、バルコニーがないということになるが、するとお客は室内でくつろぐ時間が短くなり、カジノに足を運びやすくなるというわけである。

ルイ・ヴィトンの柄は日本の家紋がヒントって本当？

「ルイ・ヴィトン」のデザインの定番は、「L・V」の文字に花や星のマークをあしらった「モノグラム・ライン」。このうち、丸の中に星がデザインされたマークは、薩摩藩・島津家の家紋によく似ている。

これは単なる偶然ではない。モノグラム・ラインが使われるようになったのは、1896年のことで、当時のフランスでは日本ブームが起きていた。しかも、1867年に開かれたパリ万国博覧会には、徳川家とともに薩摩藩が参加しているのだ。その際、薩摩藩の出展物の中に、島津家の家紋がついた品があり、ルイ・ヴィトンの関係者らが、それにヒント得てモノグラム・ラインの図案を作ったと考えられている。

警察官は旅客機内に銃を持ち込めるか？

むろん、一般人が旅客機内に拳銃などの凶器を持ち込もうとすれば、手荷物検査で引っかかり、逮捕されることになる。一方、任務中の警察官は、機内への拳銃持ち込みが認められることがある。ただし、事前に、警察から航空会社へ、拳銃を持ち込む者の氏名や日時、目的などを届け、当日、その内容を厳重にチェックされたうえのことである。

もちろん、非番の場合は、警察官といえども、拳銃はもちろん、凶器となりうる物はいっさい持ち込めない。

乗客がCAの制服姿で飛行機に乗ることはできるか？

乗客がコスプレ気分で、CAの制服を着て飛行機に乗ることは可能だろうか？

某航空会社に聞いてみると、「当社の制服は販売していないので、そんなことはできないでしょう」という答えが返ってきた。

他の航空会社に聞いてみると、「それを禁じる規則はない」。そう。つまり、飛行機内でコスプレがしたければ、面倒なことも起きそうではあるが、できないことはないのではないかというのが結論。

パイロット用のトイレは、どこにある？

旅客機内のコックピット（操縦室）内にはトイレがないので、パイロットたちは乗客と同じように客室のトイレを使っている。

ただし、パイロットがトイレ前の行列に並ぶことはない。コックピットからもトイレの利用状況を把握できるので、空いているときに利用するからである。

マクドナルドのロゴに二つの大文字があるのは？

ハンバーガー・チェーンの「マクドナルド」のロゴは「McDonald's」。一つの単語の中に「M」と「D」、二つの大文字が含まれている。スペルの途中に「D」という大文字があることを不思議に思う人もいるだろうが、このスペルで正しい。

「McDonald」の冒頭の「Mc」は「Mac」の略であり、「～の息子」という意味。「McDonald」の場合なら、「Donald（ドナルド）」の息子ということになる。「Donald」は人名なので、その頭文字は大文字にしなければならない。だから、「McDonald」のスペルの途中にも文字の「D」がくることになるのだ。

ペット店で買うカメにメスが多いのは？

ペットショップで売られているカメには、メスが多い。

これは、ペット用に養殖すると、メスの出生率が高まるから。養殖業者は、カメの卵を早く孵化させるため、高めの温度で温める。すると、カメ類はメスが生まれやすくなるのだ。

カメだけでなく、ワニやトカゲなどの爬虫類には、卵時代の周辺温度によって雌雄の別が決まる種類が多い。

　爬虫類が温度によって性を決定する仕組みを備えているのは、種の保存を図るためとみられている。一般的に、生物はメスのほうがサバイバルに向いているので、高温という過酷な環境ではメスが生まれ、低温という比較的楽な環境ではオスが生まれると考えられている。

看護士に冷え性の人が多いのは？

　看護士の職業病の一つは、冷え性。女医には冷え性の人は少ないのだが、同じく病院で働く看護士は冷え性になりやすいのだという。

　そのちがいは、着用している衣服が原因。女医は普通の服の上に白衣を着ているが、看護士の白衣は、裏生地のない一枚仕立て。その軽装で夏場はエアコンのよく効いている病院内で働いているので、体が冷えてしまうのだ。

宇宙でもコンタクトレンズを使えるか？

　宇宙空間でも、コンタクトレンズを使うことができる。いまは近視の宇宙飛行士もいて、コンタクトレンズを使用して矯正視力が1・0以上あれば、宇宙船に乗り込めるという。

　では、無重力状態で、どうやってコン

タクトをはめるかだが、指先に水をつけて触れば、レンズは指先にくっつき、ふわふわと浮かぶことはないという。

ただし、宇宙船では、レンズを洗浄や煮沸することはできないので、使えるのは使い捨てのコンタクトレンズのみだ。

刑事が必ずペアで動くのは？

刑事ドラマでは、刑事はペアで動くことが多いが、現実にも刑事はペアで捜査するものと決まっている。その理由は単純で、一人での捜査には限界があるからだ。

たとえば、容疑者グループを尾行しているとき、グループが2組に分かれたとする。

一人で尾行していれば、1組の尾行を断念しなければならないが、ペアで尾行していれば、2組とも尾行できる。

さらに、ペアで張り込みをしていれば、一人がトイレへ行っている間も、もう一人が対象者の動きを監視できる。聞き込み捜査の場合でも、一人が話を聞くうちに、もう一人がメモをとれる。

なお、「捜査本部」が設置されるような事件では、警察本部から派遣された刑事と、所轄の刑事がペアを組むことになる。

ほとんどの場合、警察本部の刑事の方

が、階級も経験も上なので、所轄の刑事は道案内兼運転手としてコキ使われている。

シナリオライターは、ドラマのヒットでどれくらい儲かる？

シナリオライターの収入は、新人の場合、１時間ドラマで30〜40万円が相場。中堅どころとなると70〜80万円。巨匠と呼ばれるようになると、１本２００万円ということもあるが、これはごくまれなケースだ。

連続ドラマの場合、１クール（３ヵ月）で10〜11回、この執筆に約半年はかかる。だから、年間で１〜２作書ければいいところだ。とすれば、中堅どころで、原稿料だけで年収は１０００万円前後になる。

さらに、近年のテレビドラマはＤＶＤ化されるので、ヒットドラマであれば、多額の著作権使用料が入ってきて、年収は３０００万円、５０００万円と延びていく。

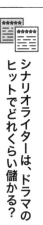

お巡りさんは無線で何を連絡している？

警官が無線で連絡を取るときは、人物やその持ち物に問題がないかどうかを本部に照会していることが多い。たとえば、自転車に乗っている人を呼び止めたときは、その自転車が盗品ではないかと照会しているのだ。

照会には、いろいろな種類がある。まずは個人照会で、犯罪経歴の有無に始まり、指名手配の有無、暴力団に属していないかどうか、家出人となっているか、微罪処分歴があるか、交通違反や事故歴があるかなど、その内容はいろいろだ。

また、車両照会もある。自動車のナンバーから、持ち主の確認をはじめ、逃走車両、不審車両となっているかどうかなどを照会する。ほかに、盗品照会もある。

この照会で、自動車が盗難品とわかれば、乗っていた人は交番まで連れて行かれ、そこでさらに追及されることになる。

警察官の制服は何種類あるのか？

警察官の制服には、季節や用途によって、夏服、冬服、合服、活動服の4種類がある。このうち、冬服と合服は、おなじみの警官の制服姿。合服には、素材に麻が使われ、見た目には冬服よりやや薄い色をしている。

夏服は薄い青色のワイシャツ姿。最近は形状記憶タイプになっていて、洗濯後のアイロンがけの必要はない。

活動服は、ジャンパータイプ。裾が短く動きやすく、交番のお巡りさんが着ていることが多い。

裁判官はなぜ黒い服を着ているのか？

法廷では、裁判官と書記官は「法服」と呼ばれる黒い服を着ている。そう、規則で決まっているのだが、なぜ法服は黒なのだろうか？

これには、いくつかの説がある。第一には、黒という色が他の色に染まらないことが、職務の中立性・公平性を象徴しているという説。また、黒という色は、法と良心に従って裁定を行うことの責任の重さを表しているという説もある。

この法服、総シルク製で、サイズはS、M、L、LLの4種類があり、一人1着ずつ支給されている。

自転車に乗った警察官は、緊急時に信号無視できる？

パトカーが緊急時に信号無視を認められているのは、公安委員会から緊急車両の指定を受けているから。

一方、警察官の乗る自転車は、そうした指定を公安委員会から受けていない。サイレンや赤色灯もつけていないので、緊急時に交通ルールを無視していいという〝特権〟は与えられていない。

もっとも、目の前に犯人がいるのに、赤信号で停まって、みすみす逃がしてしまうのはバカげた話。だから、現実的には、信号を無視して、犯人を追いかけることになる。常識的にいって、それは社会通念上、許される行為と考えられるだろうが、ただ、それで事故を起こしたりすると、裁判でその警察官の行為が正当だったかどうかが争われることもありうるだろう。

パトカーや消防車に速度制限はあるか？

パトカーや消防車は、一刻も早く現場に到着しなければならないため、走行速度をめぐって特別の便宜が図られている。

日本の場合、クルマの最高速度は一般道で60キロ、高速道路で100キロだ。

ところが、パトカーや消防車の場合、緊急時にはその限りでないことが、道路交通法によって定められている。

東京地検特捜部って、どんなところ？

東京地検特捜部は、正式には「東京地方検察庁特別捜査部」という。特捜部は、東京、大阪、名古屋の地方検察庁のみに置かれた組織で、政財界を巻き込んだ疑惑や重要な経済事件など、捜査に政治的な独立性が求められ、高度な法律知識や経済知識が要求される事件を扱う捜査機関だ。

とくに、東京地検特捜部は、戦後、ロ

ッキード事件やリクルート事件など、数々の疑獄事件を摘発。検察庁のなかでも花形的な存在とされている。

　特捜部の最大の役割は、政財界の暗部にひそむ巨悪を摘発し、社会正義を維持することにある。政財界の不正の摘発では、大臣や国会議員、大企業の幹部などを逮捕することにもなるが、内閣が倒れたり、企業の業績が悪化するといった混乱よりも、社会正義を守ることが特捜部捜査の基本方針となっている。

補導員には、どんな権限がある？

補導員は、街中をぶらつく高校生や中学生に喫煙などを注意したりする人。彼らの身分は、警察官とは異なり、基本的に警察から業務を委嘱された民間人。少年の健全育成に熱心な、民間のボランティアで構成されている。

　もちろん、熱意があっても、能力がないことには補導員になれない。社会人としての常識、節度、少年たちとつきあう技術、地域住民からの信頼があり、時間の余裕もあって、さらには少年に対応できるある程度の若さとエネルギーのある人が、補導員となる。しかも、秘密を守れる人物であるという条件も重要だ。

　身分は準公務員であり、彼らと警察との連絡は緊密。補導員が警察官の出動が必要と判断すれば、すぐに警察官が飛んでくる。

ネットニュースの見出しが13文字なのは？

ネットのニュースサイトでは、基本的に見出しの長さが13文字以内におさめられている。なぜ、13文字かというと、横書きの文章を読む場合、人間が一度に知覚できる長さは13文字以内だからだ。この範囲内だと、眼球を動かすことなく、一目で見出しの内容を理解できるのである。

じつは、縦書きの場合も、13文字程度の見出しが読みやすいといわれる。読む人の視点は、次の行に移るとき、行末から行頭へと動くが、1行が長くなると視点を移動させる距離が長くなり、読みにくく感じるのだ。

ホテルの各部屋に聖書がおかれているのは？

ホテルの各室のデスクの中には、聖書が置かれているもの。それは「日本国際ギデオン協会」という組織が各ホテルに贈呈したものだ。外国にも、同様の組織があって、ホテルに贈呈する活動が続けられている。

そうした活動が始まったのは、一世紀余り前のこと。アメリカのホテルで、二人のビジネスマンが相部屋になった。二人とも敬虔なクリスチャンで、夜寝る前、一緒に聖書を読んでお祈りをした。それがきっかけで親しくなった二人は、ホテルの各室に聖書が備えられていれば、キリスト教徒の助けになると考え、ホテルに聖書を贈呈する活動をスタートさせたのである。日本でも戦後まもない一九五〇年から始まり、現在に至っている。

ホテルマンはどんなところで寝ている？

ホテルは、1年365日、24時間営業を続けているビジネスといえる。事実、ホテルでは、夜中も誰かしら働いている人がいるものだ。

では、彼らはどんなところで仮眠をとっているのだろうか？

これは、空いた客室ではなく、従業員用の仮眠室である。その多くは、カプセルホテルにあるカプセル部屋のようになっていて、早く起き出す人から入り口近くのカプセルを使うというルールになっていることが多い。

宇宙船でも飛行機みたいに耳が痛くなるのか？

飛行機の離着陸の際、耳に軽い痛みを感じることがある。

では、飛行機よりも速く上昇・下降をする宇宙船では、より強い耳の痛みを感じるのだろうか？

そもそも、飛行機の離着陸時などに耳が痛くなるのは、気圧が急速に変化するから。

地上の気圧は、おおむね1気圧（1013ヘクトパスカル）だが、旅客機の飛行高度である1万メートル前後の上空は0・2気圧ほどしかない。

機内の気圧を0・8気圧に保ってあるが、離着陸時にはどうしても地上との気圧差が生じる。

その影響で、耳に違和感をおぼえるのである。

では、宇宙船はどうかというと、船内の気圧は1気圧に保たれている。そのため、離着陸時も気圧の差が生じず、耳に違和感を感じることはない。

宇宙ステーションに風呂はあるのか？

国際宇宙ステーションには、バスタブはおろか、シャワー室もない。かつて、米ソが打ち上げた宇宙ステーションには、シャワーが設置されていた。しかし、なにしろ、無重力状態であるため、シャワーの水は上から下へ流れない。水は水玉となって漂い、さまざまな支障が生じた。

という経験があるため、現在の国際宇宙ステーションには、シャワーの設備は備えられていない。

宇宙飛行士は全員、盲腸を切除ずみって本当？

「宇宙飛行士は盲腸（虫垂）を切っている」という話を耳にするものだ。宇宙ステーション滞在中などに急性虫垂炎になっても手術ができない。

そんなところから、このような噂が広まったのだろうが、これはまったくのデタラメ。地球を長く離れる宇宙飛行士でも、痛みも感じていない虫垂を切ることはない。仮に、宇宙でお腹が痛くなり、急性虫垂炎と診断されても、抗生物質を投与して細菌を殺し、炎症をおさえることができる。俗に「薬で散らす」という方法である。

料理人になるには調理師免許がいる？

プロの調理人のなかにも、調理師免許をもっていない人は少なくない。調理の腕前があれば、お客に料理を出してもいいし、店を開いていいのだ。

ただし、飲食店を開く場合、必ず持っていなければならないのが「食品衛生責任者」という資格。これなしで開業すると、違法行為となる。

花火師は花火シーズン以外はどうしてる？

夏の花火大会シーズン、花火師たちは多忙をきわめるが、ではシーズン・オフの花火師たちは何をしているのだろうか？

花火師たちは夏場以外もけっこう忙しいという。まず、翌年のシーズンに備えて、冬の間から花火を作りはじめなければならない。また、春や秋は、行楽地の行事や文化行事などで、花火を打ち上げることがよくある。近年では、テーマパークなどで、冬場も花火を打ち上げる機会が増えている。最近では一年中打ち上げの仕事があるそうだ。

国会議員が辞めたとき、議員バッジはどうなる？

国会議員の胸には金色に輝く議員バッジが輝いているもの。あのバッジをつけていなければ、議員といえども、国会議事堂内を自由に歩けない。あのバッジは、国会議員が解散や任期満了で辞めたとき、どうなるのだろうか？

じつは、議員バッジは本人にプレゼントされている。バッジは、選挙後の初登院のさいに議員に配布され、その後、回収されることはないのだ。なお、バッジをなくしてしまったときには、自腹で新たに買うことになる。バッジは、議員会館の売店で販売されているのだ。

選挙のないとき、選挙管理委員会は、どんな仕事をしている?

選挙のない間、各自治体の選挙管理会の職員は何をしているのだろうか? 相当暇そうにも思えるが、職員たちは選挙がなくてもけっこう忙しいという。選挙のないとき、主となる業務は、選挙人の登録と管理事務である。新たに引っ越してきた住民を選挙人登録したり、転出した人を名簿からはずす作業である。その事務が膨大な量にのぼるうえ、突発的な議会の解散や首長の辞任による選挙に備えなければならない。また、いつ選挙があってもいいように、たびたび研修会を開いている。そんなわけで、選挙管理委員会は、選挙前後だけしか仕事がないというわけでもないのである。

プロ野球の審判員は、オフの間、何をしている?

プロ野球の審判員は、オフの間、何をしているのだろうか?

アンパイアは、オフの間は休みになる。講習会などに呼ばれることはあるが、基本的に何をするかは、本人にまかされている。

とはいえ、アンパイアのオフは、12月

から翌年の1月中旬まで。2月には、各チームのキャンプに参加して紅白戦の審判などをつとめ、トレーニングを開始する。そのため、1月中旬から、自主的なトレーニングを始める人が多い。

国会閉会中、速記者はどうしている？

国会の速記者は、国会審議の様子を細大漏らさず記録するのが仕事。では、国会閉会中、速記者たちは何をしているのだろうか？

まず、彼らの身分は、衆議院か参議院に所属する公務員。だから、国会閉会中も国会に出勤して事務作業を行っている。国会閉会中、最も重要な仕事は、国会議事録の作成だというが、残業することはほとんどないそうだ。

4 しきたり・文化

お遍路さんが八十八か所を巡ると、いくらかかる?

弘法大師の足跡をたどる四国八十八か所の霊場めぐり。全行程は１４００キロ、すべての霊場を回るお遍路さんだけで年間15万人にものぼる。

もちろん、その多くはバスで回る人たちだが、なかには徒歩で挑戦する人もいる。では、すべての行程を歩いて回った場合、費用はどれぐらいかかるのだろうか?

まず、遍路用の衣装、白装束に金剛杖、菅笠をそろえると、１万５０００円ほどかかる。次に、八十八か所を歩いて回ると、40~50日間はかかるので、旅館や民宿での宿泊費用が1泊６０００円で計24万~30万円。各札所で支払う納経料が３００円×88、その他食費などの経費が10万円程度で、合わせて13万円ほどがかかる。

というわけで、総計40~50万円程度。それに、四国までの旅費が加わることになる。

お坊さんはなぜ頭を剃っている?

お坊さんが剃髪(頭の髪の毛を剃ること)するのは、仏教の創始者である釈迦がそうしたことを真似たもの。釈迦は、髪を伸ばし、髪型について考えることも、煩悩を招く原因になると考え、頭を丸めたのである。その釈迦の精神が伝わり、世俗と決別する決意を表す行為として、剃髪の風習が始まったとみられる。

ただし、現代の日本では、髪を伸ばすことを禁じていない宗派が少なくない。たとえば、浄土真宗を開いた親鸞の教えには「非僧非俗」という考え方があり、同宗ではその教えに基づき、剃髪という「形」よりも、「心」の純粋性を重んじるため、髪を伸ばすことが禁じられてはいない。明治以降は、浄土真宗以外も有髪の僧が多くなっている。

手を合わせる「合掌」にはどんな意味がある？

仏教では、お祈りをするとき、両手のひらを合わせて合掌をする。合掌の歴史は古く、仏教成立以前から、古代インドで行われていた作法が元祖とみられる。サンスクリット語で「アンジャリ（anjali）」と呼ばれたものだ。

古代インドで始まった合掌は、やがて仏教に取り入れられ、独自の意味をもつようになる。仏教では、右手は清らかな仏のものであり、左手は穢れた衆生の手と考える。その仏の手と衆生の手を合わせることで、仏と衆生が合体するというわけだ。

ただし、現在では、宗派によって合掌に関する解釈はちがっているし、合掌の作法も一つではなく、両手のひらを顔の前で合わせることを正式とする宗派もあれば、胸の高さで合わせる宗派もある。

お寺の料理といえば、お粥が出てくるのは？

釈迦は妻子を捨てて出家後、断食などの苦行の末、行き倒れる寸前までやせ衰えていた。そんなとき、釈迦は肉体的な苦行では悟りを開けないことと気づき、村の娘スジャータが差し出した一椀の粥を食べ、一命を取りとめた。

この一椀によって、釈迦は体力・気力を回復、菩提樹の下で座禅を組み始め、ついに悟りを開く。

この故事にちなみ、中国では、仏教行事で、粥を食べる習慣が受け継がれてきた。日本の禅宗の寺でも、釈迦が悟りを開いたことを記念して、法会《ほうえ》を行ない、粥を食べる。そんなところから、参詣者が食べるお寺の料理にも、お粥が出てくるのだ。

釈迦の誕生日を「花祭り」というのは？

4月8日は釈迦の誕生日とされ、仏教ではこの日にいわゆる「花祭り」を催して祝う。

その名で呼ばれるのは、寺の境内の花御堂に、さまざまな花を飾るから。花を飾るのは、もともとは浄土宗のスタイルだったが、やがて他の宗派にも取り入れられて、花祭りとして定着した。

花で飾られた花御堂の中には、水盤の上に銅製の釈迦の誕生像が安置されている。参詣客は、甘茶を竹杓に取って、釈迦の像の頭上に注いで拝む。

甘茶をかけるのは、釈迦の誕生に際して、竜王がお祝いに香水を注ぎかけたという伝説にもとづくもの。

江戸時代に中国から黄檗宗《おうばくしゅう》が伝わったときに、同時にもたらされた習慣とみられている。

線香をたく意味は？

仏教国には、仏壇やお墓の前で、線香をたく習慣がある。このしきたりは、古代インドや中国の伝統的な生活習慣に由来するとみられる。

インドは猛暑の国であり、体臭対策として古くから香をたきつめてきた。中国にも、体臭を消すため、古代から香をたく習慣があった。

やがて、これらの国では、体臭を消す香には、身を清めるものという意味が生じ、その香を仏の供養にも使い始めたのが、線香の始まりとみられる。

線香やロウソクの火を息で吹き消してはいけないのは？

仏教では、ロウソクや線香の炎に息を吹きかけることは、タブーとされている。口は、いろいろなものを食べ、ときには人の悪口を言ったりする。その汚れた口で、線香やロウソクを吹き消すことは、仏様を汚すことになると考えられるからだ。

なお、ロウソクや線香の炎を消すときには、手であおいで風を送って消すのが正しいお作法だ。

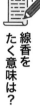

通夜では寝ない理由は？

通夜には、近親者が遺体のそばで添い寝する習慣がある。なぜだろうか？

昔は、夜は魔物が現れる時間帯と考えられていた。忍び寄る邪悪なものから、故人の霊を守るため、近親者は眠らないで、死者のそばに付き添おうと考えられたのだ。

その一方で、通夜には、近親者の悲しみをやわらげるための儀式という意味もあった。肉親が亡くなることは、遺族にとっても耐え難い悲しみである。それでも、故人を前に、ともに過した時間を振り返り、近親者同士で思い出を語り合えば、少しは気持ちを落ち着かせることができる。通夜は、遺族にとって、故人を偲び、故人の死を受け入れるための時間というわけである。

なぜ、香典返しにお茶を贈るのか？

香典返しには、緑茶が選ばれることが多いが、それには二つの理由がある。

一つは、消耗品であることだ。お茶なら飲めばなくなってしまう。そこから、いつまでも悲しみが残らないようにと、選ばれるのだ。

もう一つの理由は、静岡茶の販売策に

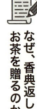

あった。静岡でお茶の栽培が本格的に始まったのは、明治維新後のこと。徳川家の静岡への移封に伴い、江戸から多くの旗本・御家人が静岡に移住したが、新しい仕事がなかなか見つからなかった。そこで、静岡県が失業者の救済事業として茶の栽培を奨励。その販路として、東京や関東に売り込みをかけ、香典返しにふさわしいと宣伝した。そこから、関東地方を中心として、この習慣が広まることになった。

彼岸にお墓参りをする意味は？

「春分の日」と「秋分の日」は、昼と夜の時間が同じ長さになる日であり、その日をはさんで、前後3日ずつの計7日が「彼岸」とされる。仏教寺院では、その彼岸の期間中に、「彼岸会《ひがんえ》」という行事が催される。

仏教で彼岸が重要な日とされるのは、太陽が真西に沈むことと関係する。「彼岸」は極楽浄土の別名でもあり、「西方浄土」という言葉があるように、はるか西方にあると考えられている。そのため、太陽が真西に沈む春分と秋分の日には、太陽が極楽浄土を照らし出し、現世と極楽浄土がもっとも近くなる日と考えられるのだ。

そこから、特別な期間である彼岸に

「彼岸会」が催されるようになった。それが、現代まで受け継がれ、寺に参ったり、先祖の墓に参る日とされるようになった。

いつまでに行けば「初詣」になる?

厳密にいうと、元日の早朝に参拝してこそ、初詣といえる。

初詣のルーツは「年ごもり」にある。昔は大晦日の夜、社寺に籠もって新年を迎える風習があった。ただし、当時は正確な時計があるわけではなかったので、大晦日の陽が暮れると、その年は終わったと考えられていた。だから、大晦日の夜は新年の始まりにあたり、年ごもりは新年の最初に行う行事と認識されていたのである。

明治時代になって、太陽暦が導入され、年の始まりは大晦日の日没からではなく、午前零時からとなった。そこから、大晦日の夜ではなく、元日の早朝、神社に参拝する習慣が生まれてきた。それが本来の初詣なので、1月2日や3日に参るのは、本来の初詣の趣旨からははずれていることになる。

おみくじは本来、自分で振るものではないって本当?

神社などでひくおみくじは、ふつう

「振くじ」と呼ばれるタイプで、竹簡（くじ）を木筒の中に入れておき、筒を振ったさい、穴から出てくる一本をもって、ご神宣とする。

ほかに、「玉くじ」と呼ばれるタイプもあって、これはご神宣の書かれた小石や紙などを散らばせ、神主がそのうちのひとつを手で取るもの。

双方のうち、本来のおみくじのスタイルを保っているのは、玉くじのほうである。

本来、おみくじは「神様の神聖な意思」を表すものであり、神事を司る神官自身がくじを引くのが、本来のあり方というわけだ。

正月に門松を立てるのは何のため？

門松は、いわば年の初めに神様を迎えるための目印。門松を飾っておかないと、年神が迷って家に降りてきてくれないかもしれない。それで、正月には目印となる門松を神の宿る依代《よりしろ》として飾るようになったのだ。

平安時代以前は、杉や竹、椿、榊など、常緑樹なら何でもよかったようだが、その後、「松」に限られるようになったのは、松がもともと縁起のいい木とされていたからだろう。加えて、竹もまっすぐに伸びて縁起がいいということで、松に添えられるようになり、こうして現代のような門松が生まれた。

古くなったお守りはどうすればいいい？

神社から授かったお守りも、何年かたつと、古びてくるもの。新しいお守りを授かったときなど、古いお守りを処分するには、どうすればいいのだろうか？

神社から授かる「御神札」などは、新しい御札をもらうと、古い御札を左義《さぎ》長《ちょう》やどんど焼きで焚き上げるという風習がある。お守りも、それと同様で、授かった社寺に返せばいい。あとは社寺のほうで、焚き上げてくれる。

節分に豆をまくのは？

節分には豆をまく風習があるが、これは中国から伝わった「追儺《ついな》」という儀式に由来する。中国では、鬼の面をかぶった人を桃の弓などで追い払う行事が、大晦日に行われていた。それが、日本で行われていた行事と結びつき、現在の節分行事へと変化してきたのだ。

ただし、中国の追儺では「豆」は使われない。日本の節分で豆をまくようになった目的は、疫病や邪気にたとえた鬼を追い払うためだが、それ以外の理由もあった。

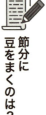

節分では、豆をまいたあと、年の数だけ豆を食べる習慣がある。これは節分の頃は寒さが厳しく、季節の変わり目でもあるので、病気になりやすい。そこで、〝畑の牛肉〟ともいわれる大豆を食べて、たんぱく質を補給するという意味も生じたのだ。

5月5日に菖蒲湯に入るのは？

昔、中国では、5月5日は重五《ちょうご》と呼ばれ、病気や厄をはらう日とされていた。そこで、この日、匂いの強い菖蒲を門につるしたり、菖蒲酒を飲んでケガレを払う風習があり、それが日本にも伝わってきた。

一方、日本にも魔よけとして菖蒲を身につけたり、屋根にかける習慣があった。その両者が結びついて、日本では、端午の節句に菖蒲湯に入る習慣が生まれた。

端午の節句に柏餅を食べるのはなぜ？

5月5日の男子の節句に柏餅を食べるようになったのは、江戸時代の中頃。日本で誕生した風習だ。

柏餅が端午の節句と結びついたのは、柏の葉には、新しい葉が育つまで古い葉が落ちないという特徴があるから。そこから「子が育つまで親が死なない」↓「家系が絶えない」と縁起をかつがれたのである。

七夕に願い事を短冊に書いて吊るすのは？

七夕には、色とりどりの短冊に願いごとを書き、笹竹に結びつける。その短冊の色は、もとは赤、青、黄、白、黒の五色だった。これは、中国の風習にならったもの。

中国では、七夕の日に乞巧奠《きこうでん》という技術の上達を祈る祭りが催されてきた。この祭りの起源は古く、唐の時代には、竹の先に赤、青、黄、白、黒の五色の糸をかけるという風習があった。それらの色にはそれぞれ意味があり、赤は火と礼《れい》、青が木と仁《じん》、黄が土と信《しん》、白が金と義《ぎ》、黒が水と智《ち》を表す。

その風習が平安時代の日本に伝わり、公家たちは五色の絹の布を飾りつけて、書や楽器、詩歌など芸事の上達を祈るようになった。その後、この風習が庶民の間に広まると、五色の短冊を結んで飾るようになる。やがて字の上達などを願って、短冊に願い事を書く習慣が生じた。

夏にお中元を贈るようになったのは？

そもそも、「中元」は道教の祭日「上

元」「中元」「下元」の一つ。上元は陰暦1月15日、中元は陰暦7月15日、下元は陰暦10月15日で、上元の日には天官（天神様）、中元の日には地官（慈悲神様）、下元の日には水官（水と火を防ぐ神様）の誕生日として、それぞれをお祀りした。

そのうち、やがて中元が仏教の盂蘭盆会（お盆）の行事と結びつき、仏に備えた供物をやりとりするようになる。そこに、暑中見舞いの習慣も加わって、親しい人やお世話になっている人へ贈り物をするようになったのだ。

こうした習慣が庶民にまで広まったのは、そう古いことではない。明治三十年代、百貨店が夏の売り上げを増やそうと宣伝して、もともとは日付を意味する「中元」という言葉が「夏の贈り物」という意味でも使われるようになった。

なぜお盆に盆踊りを踊るのか？

お盆といえば、祖先を供養する厳粛な日のはず。それなのに、なぜにぎやかに踊るのだろうか？

盆踊りのルーツについては、『盂蘭盆経』という書物に次のような記述がある。

釈迦の弟子である目連《もくれん》は修行を積んだ結果、亡くなった自分の母親が地獄に堕ちて苦しんでいるのを知る。目連は、それを救うために7月15日に供養すると、母は極楽浄土へ行くことができたという。それを知った目連と弟子たちは、歓喜のあまり踊り出した——これが盆踊りのはじまりという。

しかし、実際には、盆踊りのような風習は日本に古くからあり、仏教にのみ由来するとは言いきれない。盆踊りは、仏教の影響を受けながら、民衆の夏の楽しみとして生まれ、さまざまな習俗と結びついて、今のような形に変化してきたといっていいだろう。

なぜ七五三は11月15日？

七五三が庶民の間に定着したのは、江戸時代の元禄年間（１６８８〜１７０４年）に入ってからのこと。

それ以前にも、七五三のような行事は行われていたのだが、特定の日に行うというようなしきたりがあったわけではなかった。

それが11月15日に固定されたのは、五代将軍・徳川綱吉のときに、その世継ぎの徳松の「髪置き」のお祝いを、天和元年（１６８１）の11月15日に行ったことがきっかけとなった。

その後、江戸の呉服屋が「七五三」用の晴れ着を売り出し、大いに宣伝した。その宣伝が当たって、七五三の日、子供に晴れ着を着せる習慣が生まれた。

冬至にゆず湯に入るのは？

冬至は、一年のなかで日中の時間がもっとも短い日。

現在の暦でいうと、例年12月22〜23日に当たり、日本ではこの日にゆず湯に入るしきたりがある。このしきたりの由来は、端午の節句の菖蒲湯と同様、邪気をはらうことにある。

ただし、ゆずには薬効があり、しもやけやあかぎれなど、冬特有の症状を和らげるし、風邪の予防効果もある。その実用性にも、長く受け継がれる風習となった理由があるようだ。

除夜の鐘は何時何分からつき始めるのが正式？

除夜の鐘を何時何分からつきはじめるかについて、決まりはない。ただ、昔は新年になってからつくものだった。江戸時代までは、大晦日の日没をもってその年は終わりとされ、そこから先は新年と考えられていた。そこで、現在でいう大晦日の夜につく除夜の鐘は、新年を告げる行事だったのである。

明治になり、正確な時計や太陽暦が導入されると、新年は大晦日の日没からではなくて、午前零時からスタートすることになった。そこで、除夜の鐘は旧年・

新年と二つの年をまたがってつかれることが多くなった。一〇七までを旧年のうちにつき、最後の一〇八つ目の鐘を新年につくというスタイルも生まれた。

結婚式で三三九度をする意味は？

神前結婚式では、新郎新婦が「三三九度」の作法にのっとって、お神酒《みき》を飲むことによって、夫婦の契りを結ぶ。

その作法は、大中小の三つの盃がワンセットになったものに、巫女が小さい盃（第一献）からお神酒を注ぎ、新郎が飲んだら新婦がそのあとに飲む。その際、巫女は三回に分けて酒を注ぎ、飲むほうも3回に分けて飲み干す。同じように、中の杯（第二献）、大の杯（第三献）と、それぞれ繰り返し、計三つの盃に注がれた酒を3口ずつで飲むところから、三三九度と呼ぶ。

この儀式で「3」という数字にこだわるのは、中国の数字信仰に由来する。3などの奇数は陽数とされ、陽数を重ねるのはおめでたいこととされてきた。そこで、結婚式では、3という陽数にこだわって儀式を進めるというわけだ。

千羽鶴を折ると、願いがかなうといわれるのは？

千羽鶴は、願いをこめて色紙で100

0羽の鶴を折るもの。スポーツで必勝を祈願して折ったり、病人が元気になるようにという願いをこめて折る。

最近ではオバマ大統領が折った鶴が話題になった。

この「千羽鶴を折ると願いがかなう」というのは、比較的新しい風習だ。鶴は昔から縁起のいい鳥とされ、社寺に千羽鶴を奉納する習慣はあった。ただし、「折ると願いがかなう」という考え方は、戦前の千人針からの連想で生まれたものとみられる。

千人針は、出征する兵士に贈られたお守り。さらしに一人が一針ずつ赤い糸を縫っていき、千人という多くの人の気持ちを集めることで、弾丸よけとなり、無事帰還できると期待された。

この千人針の風習が、原爆を投下された広島で千羽鶴に変わる。被曝し、白血病に苦しむ少女が、お見舞いに折り鶴をもらった。

それをきっかけに、少女は千羽を目標に鶴を折りつづけ、病気の回復を願った。

その後、少女は白血病で亡くなったが、彼女の姿は広島平和記念公園にある原爆の子の像として残っている。

この話が有名になり、千羽鶴は病気が治ることを祈って贈られるものとなり、さらには願いをかなえるためのお守りにもなったのだ。

還暦を赤ずくめで祝うのは？

還暦の祝いでは、数えで61歳になった人は、赤い頭巾をかぶり、赤いちゃんちゃんこを羽織り、赤い座布団に座って祝われる。

還暦を赤ずくめにして祝う理由の一つは、赤がめでたい色だから。赤は太陽の色であり、生命力のシンボル。これから先も健康に生きられるよう、赤色を着るのである。

さらに赤は、魔除けの色と信じられてきた。これから先の人生で、災いがないようにという、おまじないの意味もある。

尾頭つきの頭を左にするのは？

尾頭つきの魚を供するときは、頭を左、尾を右向きにする。この作法は、漢字を書くときの筆の運び順に由来するといわれる。

日本では、古来、左を上位とする。漢字も、横線は左から右へ引く。この左を上とするのが、日本の礼儀やしきたりの原則なのだ。

ただ、尾頭つきの魚の場合は、頭を左に盛りつけたほうが食べやすいという実用的な理由もあったようだ。その証拠に、右を上位とするヨーロッパでも、魚の頭は日本と同様に左側に盛りつける。

「バンザイ」の意味は？

日本人がうれしいときやおめでたいときにするバンザイは、もとは「万歳」と書き、中国をルーツとする。皇帝を讃えるため、「一万年の歳月がありますように」という願いを込めた挨拶だったのだ。

それが日本に伝わり、天皇の即位式などで使われていたのだが、現在のように両手をあげて「バンザイ！」と叫ぶようになったのは、明治20年代のことである。

その頃、国家元首である天皇をどう迎えるか、議論になり、バンザイと叫ぶ方式が採用されたのである。このバンザイが、一般にも広まり、やがて、結婚式や会社のお祝いなどでもひんぱんに行われるようになった。

商売繁盛を願って、ダルマを飾るのは？

飲食店や小売店には、商売繁盛を願って、ダルマを飾っている店が多い。ダルマが商売繁盛を願う縁起物になったのは、「起き上がり小法師」のヒットがきっかけだった。

「起き上がり小法師」は、座禅する達磨大師の姿を模した人形で、倒しても倒しても、起き上がってくる。

江戸時代の中頃、この「起き上がり小法師」がヒットし、倒れてもすぐに起き上がるところから、縁起物として全国に広まった。

そして「倒れない」→「倒産しない」→「商売が繁盛する」と、商店などに飾られるようになったのである。

床の間の前が上座とされるのは？

床の間のある和室では、床の間の前が上座になるが、その床の間が登場したのは、室町時代に書院造の建物がつくられはじめてからである。書院というのは書斎のことで、その部屋で禅の悟りを求める場所だった。

仏間だから、人の座る場所よりも一段高いところに、仏を祭る空間を設けた。その空間には畳が敷かれ、その畳のことを床と呼んだ。そこから、一段高くなった仏を祭る場所が「床の間」と呼ばれるようになったのである。

やがて、そのスペースに、仏画などを掛けるようになり、それが現在の床の間につながる。

というわけで、もともと仏のための空間であった床の間は神聖なスペースであり、その前は、人が座る場所のなかでは、もっとも上座とされるようになったのである。

東が角餅、西が丸餅になったのは？

おもに関東では角餅、関西では丸餅を食べる。東西で分かれた理由は、関東人のせっかちさにあったといわれる。

もともと、餅は、鏡餅に代表されるように、丸いものだった。その理由は、「望月（満月）をかたどったものだから」「神聖な物だった鏡に似せた」などといわれる。

ただし、丸い餅をつくるには、いちいち両手で丸めなければならない。その作業が、せっかちな江戸っ子にはわずらわしかったのだろう。手早くつくるため、つきたての餅を板状にのばし、固まったところを包丁で切るという方法がとられるようになった。

この方法だと、包丁で切るので、餅は四角くならざるをえなかったわけである。

節分にかぶりつく「恵方巻」が流行ったきっかけは？

近年、節分になると、スーパーやコンビニの店頭に「恵方巻」と呼ばれる太巻き寿司が並ぶ。「節分の夜、恵方（陰陽道で歳徳人がいるとされる方角）を向いて、太巻き寿司を食べると幸福がおとずれる」とされているからだ。

もともと、「恵方巻」の風習は関西圏

のしきたり。それが近年、全国区になったのは、コンビニや食品メーカーが宣伝をしかけて市場拡大に取り組んだからである。

畳をすべて同じ方向に敷かない理由は？

寺院や旅館の広間は、畳が同じ方向に敷き詰められているが、一般家庭でそうしないのは不吉を避けるためである。

一般家庭のように畳の向きを変えて敷く方法を「祝儀敷き」と呼び、寺院のように同じ方向に敷く方法を「不祝儀敷き」と呼ぶ。不祝儀敷きは、四隅が合うことから「死」を連想させると、昔から嫌われてきた。そこで、一般家庭では、畳の向きを変えて敷くようになった。

秋田の「竿灯」という名の由来は？

8月に秋田県で行なわれる「竿灯《かんとう》」。仙台の七夕、青森のねぶた、山形の花笠踊りと並ぶ東北四大祭りのひとつとして知られる。

「竿灯」は親竹に横竹を数本取り付け、それに46個の提灯をつり下げたもの。その長さ約12メートル、重さ約50キロもある竿灯を、若衆たちが肩でかついで街を練り歩く様子は、まさしく壮観である。

竿灯はもともと「ねぶり流し」と呼ば

れていたが、明治14年9月、明治天皇が東北巡幸で秋田を回られたのを記念して、後に第5代秋田市長を務めた大久保鉄作がこう名づけた。

吉野に10万本ものヤマザクラがあるのは？

奈良県の吉野山といえば、日本を代表する桜の名所。ヤマザクラが山と谷を埋めつくし、その数は10万本を越えるとみられる。吉野山にそれだけの桜が植えられているのは、山岳宗教と関係している。

約1300年前、後に修験道の開祖とされる役行者《えんのぎょうじゃ》が、桜の木に金剛蔵王権現の姿を刻んで吉野山に祀った。後世、修験道が盛んになると、その桜が「御神木」として信仰されるようになり、やがて桜の木が盛んに献木されるようになった。そうして、吉野山には桜の木が増えてきたのである。

1579年（天正7）には、末吉勘兵衛という大坂の豪商が、1万本の苗木を寄進したという記録も残っている。

京都の清水寺が崖の途中に建てられたのは？

「清水の舞台から飛び降りる」という言葉があるが、そもそも京都の清水寺は、なぜ崖の途中に建立されたのだろうか？

清水寺は、西国三十三カ所霊場めぐり

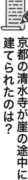

の第十六番の札所で、平安時代になる前の７８０年、坂上田村麻呂が観世音菩薩像を安置するため、音羽山山中に仏殿を建てたのが始まりとされる。崖の途中に仏堂を建てることに、天に昇りたいという夢を託したという説が有力とされている。

歌舞伎南座の「顔見世」が年末に行われるのは？

京都市・四条大橋そばの「南座」。この劇場では、例年年末になると、歌舞伎の「顔見世」興行が行われる。師走の風物詩ともなっているこの顔見世、なぜ年末に行われるのだろう？

その始まりは元禄年間（１６８８〜１７０４）のこととされる。当時、役者たちには、一年ごとに契約を更新する年俸制でギャラが支払われていた。11月初めに契約が更新され、11月半ばになると、契約をすませた役者の名が、「まねき」という細長い板に書かれ、劇場前にずらりと掲げられた。

年末の顔見世は、その新しい顔ぶれで初めて行う興行のことだったのである。

「見返り美人」は何を振り返っている？

戦後初の記念切手にもなった菱川師宣の傑作「見返り美人図」。着物姿の若い女性が、後ろを振り返っている図だが、なぜ彼女は振り返っているのだろうか？
女性が振り向いているのは、呼び止められたわけでも、別れを惜しんでいるわけでもないようだ。

専門家の見方では、当時流行の帯の結び方や、髪の結い上げ方をはっきり見せるために、後ろ向きに描かれたという。

彼女は帯を「吉弥《きちや》結び」にしている。それは、女形役者・上村吉弥が舞台上で結んでいた帯の形で、当時流行したスタイル。

つまり、この作品は、当時の最先端ファッションを描いたものだったのだ。

当時の浮世絵の美人画には、最先端の流行を描いたものが多く、美人画は今でいうモード雑誌のグラビアのようなものだった。江戸の女性たちは、美人画に描かれた着物や、帯の結び方、かんざしや小物を見て、最新ファッション情報を入手していた。

如来像がシンプルで、菩薩像がゴージャスなのは？

仏像のなかでも、釈迦如来像は、ほかの仏像に比べ、デザインがシンプルだ。他の仏像はアクセサリーをつけたり、手に何かを持っているものが多いが、釈迦如来像は簡素な布を一枚体にまとっているだけだ。

釈迦は、29歳のときに、地位や財産などすべてを投げ打ち、出家した。釈迦如来像はその姿をモデルにしているから、布一枚きりの姿をしているのだ。

一方、菩薩像は、ゴージャスな雰囲気が特徴。宝冠をかぶり、腕輪などを身につけ、さまざまな持物《じぶつ》を手にしている。それは、釈迦の出家前の姿をモデルにしているからだ。

出家前の釈迦は王子の座にあったので、豪華な衣装を着てネックレスやブレスレットなどを身につけていた。

そのため、王子時代を描いた菩薩像は、きらびやかな装いをしているのだ。

焼き物の「土」は、普通の土とどうちがう？

いくら腕のいい陶芸家でも、そのあたりの土では、焼き物を作ることはできない。

焼き物に使う土は、次の三つを含んでいる必要がある。「粘土」「長石」「珪石」だ。

まず「粘土」には形を作る役割があり、「長石」には焼いたとき、土を固める役割、「珪石」には乾燥を防ぎ、生地の焼き縮みをコントロールする働きがある。

いい焼き物ができるのは、これらがそ

ろったときであり、一つでも欠けていると名品は生まれない。

中秋の名月に、なぜススキを飾るのか？

旧暦は月の満ち欠けにもとづく暦であり、真ん中の15日は満月かそれに近い月になる。

さらに、秋の空は空気が澄んで月がはっきりと見えることから、旧暦8月15日の月を「中秋の名月」と呼び、月を観賞する習慣が生まれた。

月見にはススキを飾るが、これは稲穂の代わりにしたもの。その時期は、実った稲穂を飾るにはまだ早いので、五穀豊穣への感謝と願いを込めて、よく似たススキで代用したという。

また、ススキには、神様がとりつくという自然信仰もあったことで、月見をしながら、神様と一緒に過ごすという意味もあったようだ。

5

地図・地理

「新」のつく駅名で、もっとも古いのは？

「新大阪」「新横浜」など、全国に「新」のつく駅名は多数あるが、そのうち最も古い「新～駅」はどこだろうか？

正解は、ＪＲでは東京の「新大久保」駅。開業は１９１４年（大正３）という１００年以上の歴史を誇る〝新駅〟だ。

一方、私鉄で最古の「新～駅」は、１９００年（明治33）に命名された名鉄尾西線（当時は尾西鉄道）の「新一宮」駅が知られていたが、その後「名鉄一宮」駅に改称している。

「サンシャイン60」はなぜ階ごとに郵便番号がちがう？

超高層ビルには、各階ごとに郵便番号が決まっているケースが多い。たとえば、「１７０‐６０６０」は、東京都豊島区東池袋サンシャイン60の60階のこと。「１７０‐６０５９」は同じく東京都豊島区東池袋サンシャイン60の59階を指す。サンシャイン60のような超高層ビルは、各階に郵便番号がつけられているのだ。

そうしている理由は、むろん配達を円滑に進めるため。サンシャイン60には、毎日、何千通という郵便物が届くので、あらかじめ階ごとに郵便番号を変えて分類しておくとスムーズに配達できるというわけだ。なお、31階以上で、１日の配達数が１０００通以上のビルの場合は、おおむね各階ごとに郵便番号がつけられている。

ニコライ堂の「ニコライ」って何のこと？

ＪＲ御茶ノ水駅の東口を出ると、青いドームの大きな建物が見えてくる。一般に「ニコライ堂」の名で知られる建物だ。正式には、日本ハリストス正教会の東京復活大聖堂といい、日本におけるロシア正教の総本山。「ニコライ堂」と呼ばれるのは、この大聖堂を建てた人物名に由来する。

ニコライとは、幕末、ロシアから来日し、函館のロシア領事館付きの司祭となった人物。以後、50年にわたって布教活動をつづけ、日本で亡くなった。そのニコライ大主教が明治20年代に建てたのが、御茶ノ水の大聖堂なのである。

国会議事堂に使われている石の産地は？

国会議事堂は、日本には珍しい１００%石造りの建物。その外装や内装は、見る人が見れば、石の見本市のような状態だという。

まず、議事堂外まわりの1階部分には「黒髪石」が使われ、外まわりの2階以上や衆参両院の玄関の柱には「尾立石」がつかわれている。中庭の通路に使われている薄桃色の石は「草水みかげ」である。

一方、建物内部の中には、大理石がふんだんに使われている。なかでも、天皇陛下の休息室の暖炉には、「紅葉石」と呼ばれる赤褐色のひじょうに珍しい大理石が使われている。

琵琶湖の底に多数の遺跡が眠っているのは？

琵琶湖の底には、80か所以上の遺跡が

沈んでいる。その時代は、縄文時代早期から安土・桃山時代までと幅広い。琵琶湖に数多くの遺跡が眠っている原因をめぐっては、「地盤沈下説」と「水位上昇説」がある。

現在、琵琶湖の周囲は約２４０キロだが、昔はもっと小さく、地盤沈下によって沿岸地域が陥没し、大きくなってきたとみられている。

その地盤沈下によって、沿岸にあった集落などが湖底に沈んだというのが、地盤沈下説だ。

一方、水位上昇説は、気候変動によって雨量が増加して、琵琶湖の水位が上昇、沿岸地域が水没したという説である。

千島海流が「親潮」と呼ばれるのは？

千島海流は、日本列島の太平洋側を北から流れる寒流。千島列島の方から流れてくるので、そうネーミングされているが、一般には「親潮」の名で知られている。

親潮は酸素や栄養分が豊富なので、プランクトンや海藻がよく育つ。プランクトンが多ければ、魚の種類も数も多くなる。そこで、漁師たちは、魚を育ててくれる潮流という意味で「親潮」と呼ぶようになり、それが一般化した。

一方、太平洋岸を北上する暖流「日本

海流」は、通称「黒潮」と呼ばれている。黒潮には動物プランクトンが多く、海水が黒っぽくみえるところから、こう呼ばれるようになった。

フォッサ・マグナの「フォッサ」って何？

日本列島は、本州の中央付近で「フォッサ・マグナ」によって東西に分断されている。フォッサ・マグナは、日本語では「大地溝帯」と訳されるが、本来はラテン語で、フォッサは「割れ目」、マグナは「大きな」という意味。「マグマ」とは関係がない。

なお、フォッサ・マグナと、糸魚川から松本、諏訪、静岡を結ぶ「糸魚川―静岡構造線」と混同している人が少なくない。厳密にいうと両者は別物で、フォッサ・マグナは幅35キロ～70キロに及ぶ大地溝で、その西端が「糸魚川―静岡構造線」である。

地図では上にある地域が「下越」と呼ばれるのは？

新潟県は、北から三つに分けて「下越」「中越」「上越」と呼ばれている。不思議なのは、地図上で上になるエリアが「下越」と呼ばれ、下になる地域が「上越」と呼ばれていること。

これは、昔の日本では、[illegible]心に位置関係を考えていたから。京都に近いほうが「上」、遠いほうが「下」とされたのである。

英国が自ら〝グレート〟と名乗る理由は？

イギリスの公式名は「グレートブリテンおよび北アイルランド連合王国」。

現在の「グレートブリテン島」（イギリス本島）は、もともとは単に「ブリテン」と呼ばれていた。やがて、同島に住んでいたケルト民族が、ローマ帝国やアングロ・サクソン人の侵略を受け、5～6世紀頃にフランスのブルターニュ半島へ移住した。彼らは移住先を「小ブリテン」と呼び、もともと住んでいたブリテン島を「グレートブリテン」と呼んで区別した。それが、イギリス本島でも使われるようになったのである。

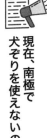

現在、南極で犬ぞりを使えないのは？

かつて、南極では犬ぞりが活用されていた。タロとジロの物語も、そこから生まれた感動実話である。ところが半世紀近くも前から、南極での犬ぞり使用は禁止されている。

禁止されたのは、タロとジロが極地で生き延びた時代よりも後の１９６９年のことである。この年に結ばれた南極条約によって、南極大陸に生息していない動物の持ち込みが禁じられたのだ。繁殖力の強い動物をもちこむと、生態系が崩れてしまうから、というのがその理由。犬も例外ではなく、南極に犬を連れていくことはできなくなったのだ。

台湾は島なのに「湾」と呼ばれるのは？

台湾島に「タイワン」という名がついたのは、ちょっとした誤解からである。

昔、台湾の先住民たちは、中国大陸から訪れる客人のことを「タイヤン」「ターヤン」と呼んでいた。訪れた人々はそれを島名と勘違いし、島のことを「タイヤン」「ターヤン」と呼ぶようになった。

それに「台湾」という漢字が当てられたのだ。

太平洋と大西洋では、海の底の色がちがうのは？

太平洋と大西洋では、海の底の色がまるでちがう。海底の色が異なるのは、堆積物がちがうためである。

太平洋の深海底に堆積しているのは、海底火山が噴出した物質。太平洋の海底には海底火山が連なり、それらが噴出する海底火山分解物が堆積しているのだ。海底火山分解物を含む土の色は褐色であるため、太平洋の深海底は赤茶けて見えるのだ。

一方、大西洋は海底火山が少なく、おもにプランクトンの死骸を含んだ泥が堆積している。

プランクトンの殻は石灰質なので、その石灰質の白色によって大西洋の海底は白っぽく見えるのだ。

太平洋で、ハワイ付近の海が最も塩辛いのは？

ハワイ付近の海水は、太平洋のなかでは最も塩辛い。

海表面の塩分濃度は気象条件に左右され、晴天が多く、水分蒸発量が多い地域ほど、塩分が濃くなる傾向がある。したがって、その条件が整いやすい南回帰線、北回帰線付近が、もっとも塩分濃度が高くなる。

北半球では、それがちょうどハワイ付近というわけである。ハワイ付近の塩分濃度は、3・55％程度で、他の海域よりも0・1〜0・3％ほど塩分濃度が高くなっている。

フィリピン国旗の色がいつのまにか変わったのは？

フィリピン国旗は、左側の白地の三角形と、青と赤の上下に分けたデザインの旗。

そのうち、色を間違えているとされるのは、青色の部分である。

本来は淡いライトブルーだったのだが、現在は紺色に近いダークブルーが使われている。

なぜそんなことになったのだろうか？

歴史をさかのぼると、フィリピン国旗が作られたのは１８９８年のこと。最初はライトブルーが使われていたのだが、その色の布地が底をつき、アメリカ星条旗用の紺色の布地で代用することになった。

当初はあくまで代用だったのだが、その状態が続くうちに、しだいにもとの色は忘れられ、紺色を使った旗が使い続けられてきたというわけだ。

県と町村の間の「郡」は何のためにある？

県と町や村の間の「郡」には、どんな意味や役割があるのだろうか？

現在、日本の自治体制度は、都道府県と市町村の二本立てであり、「郡役場」や「郡議会」は存在しないが、かつては「郡役場」があり、「郡長」もいた。１８７８年（明治11年）、「郡区町村編成法」が施行され、郡には郡役場と郡長がおかれることになっていたのだ。

その後、１９２３年の行政改革で、郡制は廃止されたが、明治から大正にかけて45年間も続いていた制度だっただけに、「郡」は町村のあるエリアを示す地名として今も生き残っているわけだ。

　とりわけ、役所では、郡は今もかなりの意味をもち、たとえば各県の県警が警察署を配置するときにも、郡が基準になっていることが多い。

香港を「香りの港」と書くのは？

　ホンコンを「香りの港」と書くのは、その歴史を背景としている。香港は、かつて南方産の栴檀《せんだん》や伽羅などの香木や香料の中継港だったのだ。東南アジア一帯から香木や香料を集め、ヨーロッパに送り出す港であるところから、香港という名がついたのである。

　ただし、これには異説もあって、香港を根拠としていた海賊に、林鳳（リンホウ）という男がいて、鳳が根拠としている港だから、鳳港と呼ばれるようになり、やがて香港と書かれるようになったともいわれる。

6 スポーツ・芸能

オリンピックの開会式で、旗手がもつ旗は誰が用意する？

オリンピックの開会式では、自国の国旗を掲げた旗手が選手団を先導する。その際に使われる国旗は、参加国が自国から持参するわけではなく、オリンピック開催国が用意したものが使われている。

これは、開会式の統一感を演出するためでもある。各国の国旗には縦横の比率がちがうものがあり、それぞれの国が自国から国旗を持ち寄ると、旗の形がバラバラになって、入場シーンの統一感が薄れてしまう。そこで、開催国が、縦横の比率もサイズも統一した旗を用意しているのだ。

ハンマーを投げないのにどうして「ハンマー投げ」？

陸上競技のハンマー投げに使われているのは、ハンマー（金槌）ではない。三角形のハンドル先端と金属球をワイヤーでつないだものを「ハンマー」と呼んでいる。

じつは、現在のような〝ハンマー〟を使うようになったのは近代になってからのことで、昔は本物のハンマーが投げられていた。そこから、「ハンマー投げ」という名前が付いたのだ。

本物のハンマーを投げて、飛んだ距離を競う競技は、1000年以上前からあったとみられる。昔の人々は祭りのときなどに、本物のハンマーを投げて力を競い合っていたのだ。

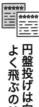

円盤投げは向かい風のほうがよく飛ぶのは？

野球やゴルフなどでは、追い風のときのほうが球はよく飛ぶが、陸上競技の円盤投げでは、適度な向かい風があったほうが円盤がよく飛ぶ。

これは、上向きの角度で飛んでいる円盤に向かい風が当たると、円盤が浮力を受け、落下するのが遅くなるため。同じことが、スキーのジャンプ競技にもいえ、向かい風のほうが遠くまで飛べる。

途中で打ち切る試合がなぜ「コールドゲーム」？

天候が悪かったり、得点差がつきすぎたとき、試合が途中で打ち切られることがあるが、なぜそんな試合を「コールドゲーム」というのだろうか？

このコールドは、「寒い」とか「冷える」という意味のcoldではなく、動詞のcallの過去形。called gameだ。

スポーツの世界では、callは「審判が宣言する」という意味で使われている。要するに、審判が「今日はこれでゲームセットだ」と宣言するから、コールドゲームというわけだ。

シンクロ選手の髪の毛がテカテカ光っているのは？

シンクロナイズドスイミングの選手が引っ詰めにした髪は、妙にテカテカと光っているもの。なぜ、彼女たちの髪は光っているのだろうか？

シンクロは、水中で激しい動きをするスポーツ。だから、普通に髪をゴムで束ねているだけでは、ほどける心配がある。そこで、髪の乱れを防ぐため、選手たちは、水に溶かしたゼラチンで髪を塗り固めている。だから、彼女たちの髪は、テカテカと光っているのだ。

サッカーのサポーターがする顔面ペイントは、いつ始まった?

サッカーの国際試合では、各国のサポーターが、顔に国旗を描いて応援している。この「フェイス・ペインティング」は、いつどこで始まったのだろうか?

最も有力な説は、1978年のW杯アルゼンチン大会で始まったとする説。この大会で、地元アルゼンチンのサポーターが顔面に国旗を描くというパフォーマンスを始めた。その様子が世界に報道され、世界各地で真似られるようになったのが、その起源とみられている。

ヘディングは頭に悪くないか?

昔は、サッカーでは革製のボールが使用され、雨でボールが水を吸うと、重さが2割~3割も増え、ヘディングすると頭に大きな衝撃が加わった。そのため、長く選手をつづけた人には、脳障害に見舞われる人もいた。

一方、現在のボールは昔とちがって、水を吸いにくくなり、その分、衝撃は減っている。ただし、ボールのスピードは増しているので、ヘディングで受ける衝撃はかえって増していると指摘する専門家もいる。
そこで、外国のサッカー協会には、子供のヘディングを禁止しようとする動きもある。

野球でノーヒットのことを「タコ」っていうのは？

野球界で「3タコ」といえば、3打数ノーヒットだったという意味。野球ファンにもおなじみのこの「タコ」という言葉、なぜノーヒットを意味するのだろうか？

一説には、海にすむタコと関係あるという。かつては、ハゲ頭の人は、タコにたとえられ、「タコ入道」とか「タコ坊主」と呼ばれることがあった。それを略して何もないことを「ボウズ」と呼ぶようになるが、野球界では、「タコ坊主」の「坊主」のほうを略して「タコ」というようになり、「ノーヒット＝タコ」となったというのだ。

土俵の東西が実際の方角とちがうのは？

大相撲の番付には東と西があるが、その方角は実際の方角とは一致していない。これは、土俵をつくるときは、まず正面を決めてその方角を「北」とし、「北」に向かって右手を「東」、左手を「西」とするため。建物の正面はかならずしも北を向いているわけではないので、土俵も「東西」も実際の方角とはズレることになるのだ。

スポーツ実況のアナは、どうやって選手名を覚える？

実況アナウンサーは、どうやって選手の名前を覚えているのだろうか？

基本は、背番号、名前、ポジション、特徴を、本番前に頭に叩き込んでおくことだという。とくに、国際大会では、アナウンサーも初めて耳にする面倒な名の外国人選手が大勢出場する。予習していなければ、実況アナウンスは不可能だ。

また、データを暗記するだけでなく、彼らは自分でも実況する試合に登場するチームを取材している。それが、実況中に生きてくるのだ。

判断の悪いプレーを「ボーン・ヘッド」というのは？

スポーツでの判断の悪いプレーを「ボーン・ヘッド（bone head）」と呼ぶ。なぜ、「つまらないミス」のことをこういうのだろうか？

「ボーン・ヘッド」の「bone」は「骨」、「head」は「頭」なので、「ボーン・ヘッド」を直訳すると「骨頭」という意味になる。骨頭とは、頭の中が骨ばかりでできていて、脳味噌がないという意味。そこから「脳味噌がないような間抜けなプレー」を意味するようになったのだ。

ダンクシュートの「ダンク」って何?

バスケットボールで、ボールから手を離さず、ゴールリングの上から押し込むように決めるシュートを「ダンクシュート」という。

「ダンク」とは、もともとパンなどをミルクなどに浸すこと。つまり、ボールをリングに沈める動作が、パンをミルクなどに沈めるしぐさに似ていることから、この名で呼ばれるようになった。

土俵入りで、力士が化粧回しをつまんで持ち上げるのは?

大相撲の土俵入りでは、土俵に沿って並んだ力士たちが、化粧回しを両手でちょいとつまんで持ち上げてみせる。あのしぐさは、四股を踏む代わりの所作だ。

昔は、横綱以外の幕内力士も、数人ずつ土俵に上がって、四股を踏んでいた。ところが、幕内力士の人数が増えると、とても全員が四股を踏むスペースや時間はない。そこで、化粧回しをちょいとつまむあの所作を、四股を踏む代わりにしているというわけだ。

危険なボールを「ビーンボール」というのは？

野球では、デッド・ボールまがいの危険球を「ビーンボール（bean ball）」と呼ぶが、このビーンボールの「bean」は「頭」の俗称。

頭に向けて投げられたと思われる「ボール」だから、「ビーンボール」となるわけだ。

同じく危険な球でも、打者の胸や下半身に向けて投げられた球は、「頭（ビーン）」目がけて投げられた球ではないということで、ビーンボールとは呼ばれないのだ。

サッカーで、チームメイトに乱暴したら退場？

サッカーでは、相手選手に手や足を出すと、レッドカードを示され、「退場」を宣告される。では、相手チームの選手でなく、味方選手に乱暴すると、どんな判定が下されるのだろうか？

サッカーのルールでは、味方選手への暴行であっても、手や足を出したことがわかれば、警告や退場の対象になる。また、暴力を振るわなくても、味方選手に汚い言葉を浴びせたり、プレーを邪魔する行為をしただけでも、警告や退場の対象になりうる。

１１０mハードルの距離がやけに中途半端なのは？

陸上競技の男子ハードルには、４００メートルと１１０メートルがある。短距離のほうが「１１０メートル」という中途半端な距離になっているのは、かつての「ヤード法」の名残りである。

ハードル競技はイギリスで始まり、アメリカで発達した競技。両国とも、かつてはヤード法が主流の国で「１２０ヤード競争」という種目があり、ハードル間の距離は「10ヤード」と決まっていた。

その後、メートル法に切り替える国が増えると、「１２０ヤード競争」もメートル法に切り換えられ、ほぼ同距離の「１１０メートルハードル」となった。現在では、ハードル間の距離も「メートル」法で表示され、「9・14メートル」という中途半端な距離になっている。

オリンピックで陸上競技を後半に行うのは？

オリンピックの会期は2週間余りだが、陸上競技が行われるのは、つねに会期の後半である。なぜ、会期の後半に行われるかというと、閉会式を盛り上げるためだ。

陸上競技は種目数が多い分、選手の数も多い。陸上競技が早めに終わると、その選手団は、閉会式を待たずに帰国してしまう。すると、閉会式は閑古鳥が鳴く寂しいものになってしまう。事実、陸上競技が会期前半に行われた第16回のメルボルン大会（1956年）では、陸上選手の大半が帰国してしまい、閉会式は寂しいものになった。

そこで、以降の大会では、陸上競技を大会期間の後半に行い、選手を足止めしているというわけである。

ダーツボードのデザインはどうやって決まった？

ダーツは、小さな矢を的に投げ、得点を競う競技。その的《まと》、「ダーツボード」は円を20等分してあり、エリアごとに得点が分かれている。

そうしたダーツボードのデザインは、丸太の亀裂から生まれたものとみられている。ダーツは、14世紀の百年戦争の最中、バーにたむろしていたイギリス兵が、空になったワイン樽の底をめがけて矢を投げたのが始まりとされる。やがて、樽に代わって丸太を切ったものが使われるようになるが、丸太には年輪があるため、そのラインを利用して、得点エリアが設定されるようになった。

さらに、丸太は長く使っているうちに、ヒビ割れが生じてきたので、その亀裂に応じて得点はより細分化されていった。それが、いまのダーツボードのデザインのもとになったとみられている。

プロ野球選手が２００球打っただけで、バットを替えるのは？

野球用品のメーカーは、木製バットを１０００球程度まで打てるように作っているが、プロ野球選手は２００球も打つと、新品に交換している。それ以上打つと飛距離が落ちるうえ、折れるリスクが増すからだという。

２００球といえば、特打ち二回分程度の球数である。

そのため、シーズン中には大量の「使用済みバット」が出ることになるが、年間にどれくらいの本数のバットが使われているかというと、プロ野球界全体でじつに約45万本にのぼる。

サッカーのユニフォームに光沢のある生地が使われるのは？

サッカーのユニフォームには、光沢のある生地が使われているもの。その理由はじつにわかりやすく、そのほうが目立つからである。

サッカーの試合はナイターが多い。夜間照明を浴びたとき、光沢のないユニフォームは遠目には目立ちにくいが、つやつやと光沢のある蛍光色の地を使うと、選手のユニフォーム姿が照明に映えて鮮やかに浮かび上がる。
するとユニフォームに入った「広告」が、はっきりと見えるというわけである。

相撲に引き分けはあるか？

じつは、大相撲も引き分けに終わることがある。引き分けになるのは、まず両者が休場したとき。

これでは決着のつけようがないので、引き分けとなる。

もう一つは、取り直しとなったものの、双方の力士が負傷し、それ以上相撲がとれなくなったとき。

その場合も決着のつけようがないので、引き分けとなる。

シンクロの選手は水中で音楽を聞けるのか？

シンクロナイズド・スイミングは、プールの中で音楽に合わせてダンスを披露するスポーツ。水中に潜っていることも多いが、そのとき、選手たちに音楽はどう聞こえているのだろうか？

じつは、水中でも音楽ははっきり聞こえている。プール内に水中スピーカーが用意されているのだ。音は水中のほうが、空気中よりもよく伝わる。シンクロの選手たちは、クリアに聞こえてくる音楽に合わせて舞っているのだ。

マラソン選手は先導車の排気ガスが煙たくないのか？

マラソンで先頭を走るランナーの前には、先導の白バイやテレビ中継車が走っている。ランナーは、その排気ガスを煙たくは思っていないのだろうか？

じつは、テレビ中継車はランナーの約50メートル前、白バイも約30メートル前と、ランナーのかなり前方を走っている。排気ガスが気になるほどには近づいていないのだ。テレビでは、ランナーの少し前を白バイやクルマが走っているように見えるが、それは望遠レンズで撮っているからだ。

アフリカ系のマラソン選手が意外に暑さに弱いのは？

現在、男子マラソンのランキング上位は、ほとんどがアフリカの選手で占められている。ところが、アフリカのマラソン選手たちは、夏に開催されるオリンピックでは期待はずれに終わることが多い。これは、ケニアやエチオピアの選手たちが、意外に暑さに弱いことによるといえる。

ケニアもエチオピアも赤道に近い国ではあるが、両国ともに首都は２０００メートル前後の高地にある。高地は湿度が低いので、夏でも蒸し暑くはない。彼らは、カラッとした暑さには慣れていても、温帯地方の夏の蒸し暑さには不慣れなことが多い。そのため、ケニアやエチオピアの選手には、温帯で真夏に開催される五輪では力を発揮しにくいというわけだ。

体操の技の名前は、どうやって決まる？

２０１３年（平成25）の世界選手権後、白井健三選手が決めた床の「後方伸身宙返り4回ひねり」という技に「シライ」という名前がつけられた。このように、体操の新技には、国際大会で初披露した選手名がつけられることが多い。

そうした新技には、「後方伸身宙返り4回ひねり」といった呼び名もあるが、いかにも長い。そこで、最初に決めた選手の名前がつけられるようになった。これまで、鉄棒のツカハラ、跳馬のカサマツ、平行棒のグシケン、モリスエなど、体操の技には日本選手の名前が20以上もついている。

サッカー場の芝生が縞模様に見えるのは？

サッカー場の芝生が、濃い緑と薄い緑の縞模様になっていることがある。芝を刈る方向を交互に反対にしていくと、遠目には縞模様に見えるのだ。

具体的には、芝を刈り揃える際、メインスタンド側からとバックスタンド側からの交互に刈っていく。メイン側から刈れば、芝の先はバック側へ寝る。反対にバック側から刈れば、芝の先端がメイン側へ寝る。これをメインとバックのそれぞれスタンドから見れば、芝の先の寝る側によって濃淡がつき、縞模様に見えるというわけである。

背泳ぎの選手は鼻に水が入るのをどうやって防ぐ？

水泳の背泳ぎでは、スタートやターンの直後、バサロ泳法を行う。仰向きに潜水したまま、両手を頭上に伸ばし、裏返しのドルフィンキックをするような泳ぎ方である。背泳ぎでは、このバサロ泳法のとき、鼻に水が入りやすい。

そこで、背泳ぎの選手たちは、それを防ぐために唇で鼻の穴をふさいでいる。

試し割する前に、瓦をよく乾燥させておくのは？

空手の瓦の試し割には、割れやすくする裏ワザがある。事前に瓦をよく乾燥させておくのだ。

瓦は含有水分量が多くなると、強く突きや蹴りを入れても、そのパワーを吸収してしまう。実際、湿気の多い梅雨時には、試し割で割れる枚数が減る傾向があるのだ。

そこで、空手の大会などでは、試し割する前には、選手のケガを防ぐため、また割れる枚数が増えてショーアップされるように、瓦を乾燥させておくのである。

ヘッドスライディングより走り抜けるほうが速いって本当？

野球界では、「一塁へはすべりこむよりも、駆け抜けたほうが速い」というのが定説になっている。ところが、実際にタイムを計った調査によると、かならずしもそうともいえないらしい。

結局、どちらが速いかは、ヘッドスライディングの技術に関係するようだ。ベースの手前4～5メートルから、空中を飛ぶようにダイブし、なめらかにすべれば、ヘッドスライディングのほうが速くなる。ところが、うまくすべれないと、駆け抜けるほうが速いというわけだ。

競馬でメーンレースを最終レースにしないのは？

ボクシングをはじめ、多くのスポーツでは、その日のメーンイベントは最後に行われる。ところが、競馬では、メーンレースは最終レースのひとつ前に行われている。

これは、帰路の混雑を防ぐためである。

大レースが行われると、競馬場に10万人以上もの観客が詰めかけることになる。すると、それだけの人数が一斉に帰路につくと、駅に人があふれ、道路は大渋滞してしまう。そこで、メーンの後にもう1レース設けておくのだ。すると、メーンレースが終わっても、「もう一勝負してから帰ろう」という観客が出てくる。つまり、メーンレースの後にもう1レース行うのは、観客を分散し、混雑とパニックを防ぐためというわけだ。

ビリヤードがプラスチックを生んだって本当？

プラスチックを生みだすきっかけとなったのは、ビリヤードである。

1800年代まで、ビリヤードの玉は象牙でつくられていたが、乱獲によって象牙が不足するようになった。そこで、ビリヤード球のメーカーが、1万ドルの賞金をかけ、象牙に代わる素材を求めた。これに、印刷工のジョン・ハイヤットがセルロイドという新素材で応募し、賞金を獲得した。

ただし、もともとセルロイドを開発したのは、アレクサンダー・バークスという科学者だった。バークスは1850年頃、セルロイドを発明して、特許を取得していたのだが、使い道のアイデアが浮かばず、特許を売却した。それを購入したのが、印刷工のハイヤットだったのだ。

その後、ハイヤットは賞金を元手に、セルロイドを素材にしたさまざまな商品を開発。セルロイド製のアクセサリー、義歯、おもちゃなどを売り出した。こうして、プラスチック商品の原型となる商品が誕生したのだった。

ルアー・フィッシングにスプーンを使うのは？

疑似餌で魚を釣り上げるルアーフィッシング。それに用いるルアーには、現在ではいろいろな形のものがあるが、元祖はスプーン型である。

なぜ、スプーンの形が原型になったかというと、昔、ヨーロッパで、ピクニックの最中にスプーンを湖に誤って落としたことがきっかけになったと伝えられる。

スプーンを落とした人が、湖底に沈んでいくスプーンを見ていると、鱒がスプーンに食いついてきた。それをヒントにして、スプーンの柄を切り、針をつけて釣りはじめたのが、ルアー・フィッシングの始まりと伝えられている。

タイトルがいちばん短い映画は？

世界でいちばん短い映画のタイトルは、『Z』。一九六九年に制作されたフランス・アルジェリアの合作映画だ。

この『Z』は、かなりの名作。アカデミー賞の5部門でノミネートされ、外国語映画賞・編集賞を受賞した。他にもカンヌ国際映画祭審査員特別賞、ゴールデン・グローブ外国映画賞など、各賞を総なめにした名作である。内容は、ギリシャで1963年に起きた暗殺事件をテーマとし、ギリシャでは上映禁止となった問題作だった。

なぜ「パンク・ロック」というのか？

激しいビートと過激なパフォーマンスが売り物の「パンク・ロック」(punk rock)。1970年代中頃、イギリスで登場したロックのジャンルだ。

この「パンク」、タイヤの「パンク」を連想してしまうが、タイヤを「パンクさせる」ことは英語では「puncture」という。音楽の「パンク」は、「ろくでもない人間、若造」や「価値のないもの、ガラクタ」を意味する「punk」に由来する。

ゴシックってどういう意味？

「ゴシック」は12世紀の半ば、フランスを中心にはじまった美術様式のこと。その名称は、ゲルマン民族のゴート族にちなんだもので、もとは軽蔑的な意味で用いられていた。

　イタリア・ルネサンスの芸術家たちは、中世美術を低いレベルのものと見下していたので、古代ローマ美術をほろぼしたゴート族と結びつけ、軽蔑的に「ゴート風の」と呼んだのである。つまり、ゴート族は名前を使われただけで、ゴシック美術をゴート族が発展させたというわけではない。

イタリア美術の『モナリザ』がフランスにあるのは？

『モナ・リザ』は、イタリア人であるレオナルド・ダ・ヴィンチが描いた絵。それなのに、なぜかフランス・パリのルーブル美術館にある。

　イタリアから買いとったか、フランスの支配時代に持ち出したのか？――と考える人もいるだろうが、じつはレオナルド本人がイタリアからフランスにこの絵を持ち込んだのである。

　レオナルドは晩年、当時のフランス王フランソワ一世の招きに応じて、『モナ・リザ』含めて3枚の絵画を携えて、イタリアからフランスのアンボワーズへと移住したのだ。

　そのとき、ダ・ヴィンチはすでに64歳になっていた。67歳で生涯を終えるまで、フランス・アンボワーズの地で過ごし、彼の死後『モナ・リザ』はフランス王の宮殿に運ばれた。それが後に、ルーブル美術館に移されたのである。

バロック、ロココって、もともとどういう意味？

音楽でバロックといえば、『四季』のヴィヴァルディに代表される。一方、バロック時代の絵画には、グロテスクなまでに肉感的な絵が多い。

そもそも、バロックとはポルトガル語で「ゆがんだ真珠」という意味。もとは否定的な意味であり、ほめ言葉ではなかった。その後、「気まぐれ」「装飾過多」「風変わり」といった意味が生じてくる。要するに、バロックと呼ばれる作品は、当初は「異端」だったのである。それが、やがて一大潮流となり、ひとつの様式として確立されたのだ。

一方、ロココは、バロックの次にごく短期間、パリを中心に流行した様式。ロココは「ロカイユ」というつる草や貝殻をあしらった模様に由来するとみられる。

ゴッホが『ひまわり』を描きつづけた理由は？

画家のゴッホは多数の『ひまわり』の絵を残している。なぜ、他の花ではなく、ひまわりにこだわったのだろうか？

それは、ゴッホが牧師の家に生まれたことと関係しているといわれる。日本人にはイメージが結びつきにくいが、ひまわりはキリスト教と縁の深い花であり、西洋美術の世界では17世紀以降、よく絵に描かれてきた。ひまわりは、太陽に向かって咲くところから、信仰や愛、忠誠心の象徴と考えられていたのだ。

また、ゴッホの場合、彼の描いた『ひまわり』の多くは、12本のひまわりによって構成されている。12という数字は、むろんキリストに12人の使徒がいたことにちなむとみられる。

マラカスの中には何が入っている？

マラカスは、もとは中南米やアフリカの民族楽器である。「マラカ」というヤシ科の木の実を乾燥させ、そのなかに植物の種や小石を入れたものだ。

ただし、いまではマラカスには、種や小石の他に、木片や木の実、さらにはプラスチックや金属片などが入れられている。

人工素材が使われるようになったのは、耐久性が高いから。種や木片、木の実などは、長く使ううち、粒が削れて音が変化してしまう。一方、プラスチックや金属片はなかなか磨耗しないので、長期間同じような音を出すことができるというわけ。

7 歴史

海なし県で貝塚が発見されるのは？

　海なし県の埼玉県や栃木県などからも、貝塚の跡が多数発見されている。これは、縄文時代の人たちが内陸部にまで貝を運んでいたからではない。貝塚が発見されるのは、今は海なし県の一部でも、縄文時代には海に面していた地域なのである。

　実際、関東の内陸部で貝塚が発見された場所に印をつけていくと、海抜数メートル以下の標高の低い土地ばかりであるということに気づく。

そのエリアは、縄文時代、海岸線が現在よりもずっと内陸部のほうに食い込んでいたとき、海に近い場所だったということなのだ。

古代は、女性より男性の方が装身具を身につけたのは？

　弥生時代の墳墓や住居跡からは、多数の装身具が見つかっている。それらには、髪飾り、首飾り、胸飾り、腕輪、指輪、耳飾りなどがあるが、そうした装身具をつけていたのは、女性ではなく、男性だった。

　古代の装身具の多くは魔よけの呪具として用いられていた。

古代の人々は動物や貝の精霊が身を守ってくれると信じていたので、一家を支える男性が魔よけの呪具として装身具を身につけていたのだ。

　ただし、弥生後期になると、大きな権力が成立し、装身具は単なる呪具ではなく、権力者の地位を表すものになっていく。

　権力者はより贅沢な装身具を身につけ、自らの権力を誇示するようになっていく。

和同開珎の贋金を造ると、どんな刑になった？

　和同開珎が発行されると、すぐにその

贋金が造られはじめたことがわかっている。

というのは、贋金を造った者には、3年の懲役刑を課すと定められていたのだが、その程度の刑では効果が薄かったとみえる。

711年（和銅4）には、主犯は斬刑、共犯は没官《もっかん》（土地や家屋、その他財産の没収）、家族は流刑と、格段に厳しい刑罰に改められているからである。

もっとも、奈良時代の753年（天平勝宝5）には、主犯の刑が流刑に軽減されている。贋金造りで磨いた技術を活用するため、遠国の鋳銭所で働かせるようになったからだ。

平安美人が眉をおでこの真ん中に描いたのは？

平安時代特有の女性のメイクとして、おでこの真ん中に眉を描くというものがあった。

当時、そんなメイクが流行したのは、目と眉が離れているほど、高貴な顔立ちとされたからである。そのため、女の子は、成人とされる10歳になると、「美女のまゆびき」と呼ばれるテクニックを習った。

そのメイク法は、まず眉毛をすべて抜くところから始まった。眉毛をすべて抜くと、顔がのっぺりするが、それが当時の美人の第一条件だったのだ。そして、首筋から髪の生え際まで白粉を厚く塗っていく。そして、おでこの真ん中あたりに眉を描くと、目と眉の離れた当時は高貴とされた顔立ちができあがった。

平安時代の女性がいつも扇を持っているのは？

　平安貴族の女性たちは、自分の顔を隠すために扇を使っていた。当時、高貴な女性たちは、男性に顔を見せることはほとんどなかった。家族やよほど親しい男性以外には顔を見せなかったのだ。

　さらに、化粧崩れも隠す意味もあった。当時のおしろいははげやすく、ムラができやすかった。そんなボロを隠すのにも、扇は役立ったのである。

12年続いた戦いなのにどうして「前九年の役」？

　11世紀後半、東北地方で二つの反乱が相次いだ。「前九年の役」と「後三年の役」である。ただし、二つの戦いとも、その〝数字〟には誤りがある。

　まず、前九年の役は１０５１年（永承6）にはじまり、１０６２年（康平5）に終わった戦い。つまり、足かけ12年かかった戦いであり、数字的には「前十二年の役」と言ったほうが正しい。

　一方、後三年の役は、１０８３年（永

保3）にはじまり、1087年（寛治3）に終わっている。足かけ5年間戦っているので「後五年の役」としたほうが正しい。

　にもかかわらず、誤った数字で定着したのは、まず後三年の役は、後に『奥州後三年記』というタイトルでまとめられた戦記に由来する。この書名が流布するにしたがって、5年間続いた戦争が「後三年の役」として定着したのである。

　一方、前九年の役は、最初はその年数どおり「奥州十二年合戦」と呼ばれていたが、『奥州後三年記』が知られるようになると、「奥州十二年合戦」の中に後三年の役が含まれていると誤解する者が現われ、前半の戦争は「12―3＝9年」で終わったと解釈されはじめた。そのため、12年かかった戦争が「前九年の役」という名で伝えられるようになったとみられる。

僧兵はなぜ覆面をしていたのか？

平安時代中期から、僧侶の一部が武器をとって戦いに参加するようになる。僧兵の登場である。当時、彼らの多くは、覆面をしていたが、その目的は何だったのだろうか？

　ご想像どおり、身元を隠すためである。平安中期以降、各寺院は、自らの所有

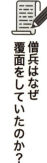

地を国司らの横暴から、自らの手で守らなければならなかった。やがて、国司の攻撃に対し、寺院側も僧侶が武器を取ることになった。こうして僧兵が誕生したのだが、僧侶の本分を考えれば、やはり殺生ははばかられる。そこで、戦いに参加する僧侶は、身元を隠すため、覆面をするようになったのだ。

織田信長はどんな声をしていた？

　織田信長は、どんな声をしていたのだろうか？　当時の人々の記録によると、信長の声は甲高く、遠くからでもひじょうによく通る声だったという。

　たとえば、宣教師のルイス・フロイスは、著書のなかで「快い声だが、人並み外れた大声を出すことがある」と、その特徴をのべている。また、江戸初期の俳人、松永貞徳は、京都の自宅にいるときに信長の大声を聞いたといい、その様子を記録に残している。

　1581年（天正9）、信長は列が進まなくなったことに腹を立て、隊列にむかって怒鳴り声をあげたという。そのとき、信長は、貞徳の家からはかなり離れたところにいたのだが、それでも信長の声が届いたというのだから、信長の声はよほど高く、よく通ったのだろう。

桃山時代の「桃山」ってどこのこと？

織田信長、豊臣秀吉の時代を総称する「安土桃山時代」。信長の居城が安土にあったことから、信長時代を「安土」と呼ぶのはわかりやすい。では、豊臣時代がなぜ「桃山」なのだろうか？

この桃山は、秀吉が晩年に住んでいた伏見城のこと。そのあたりに桃林があったので、桃山と呼ぶのだ。ただし、秀吉が生きていた頃は桃山とは呼ばれてはいなかった。伏見のその一帯を桃山と呼ぶようになったのは、明治時代になってからのことで、むろん桃山時代という呼び方も明治以降に生まれたものだ。

もともと「桃山時代」というのは、政治史ではなく、美術史や建築史で使われていた言葉だった。この時代の華やかな建築・美術に「桃山」という名前がぴったりのイメージだったのだ。それが、やがて政治史の区分としても使われるようになったのである。

戦国時代、戦死者はどう扱われたか？

戦国時代の戦いでは、勝つか負けるかで、戦死者の扱い方は大きく異なった。勝ったほうは、身分の高い武士は、遺骸が故郷まで持ち帰られて葬儀が行われた。足軽クラスでも、戦死した土地の近くの寺に葬られた。

一方、負けたほうは、身分が高い武士も足軽も、遺体は捨ておかれた。とりわけ当時は、首を取ることが功名の証だったため、勝った側の兵士たちが首を奪っていった。雑兵の首でさえ、何もないよりましと、持ち帰る者が少なくなかった。

その後は、近隣の農民たちが遺体から鎧や刀、服まではがして奪い去る。彼らは、それらを売ってお金に替えたのだ。結局のところ、敗軍の兵の遺体は首なしの裸の状態で野ざらしにされることになった。

ただ、勝った側が供養のため、首だけは集めて塚に埋めさせることがあった。各地の古戦場に残る首塚は、そうして生まれた。

戦国時代の侍は、怪我のときどう治療した？

戦国時代、傷ついた武士はどうやって治療したのだろうか？

まず負傷すると、傷口近くの心臓側のほうを縛って血を止めようとした。さらに、焼酎を吹きかけ、傷口を殺菌するという方法は知られていた。

その焼酎がないときは、自分の小便を傷口にかけたり、傷口に塩をすりこんだ。むろん、現代医学の目からみれば、不衛生であり、感染症を招きかねない対処法である。

また、矢が刺さったときは、釘抜きややっとこなどで、すぐに引き抜いた。放っておくと、肉が鏃を締めつけて、抜けなくなるからだ。

雨の日は、火縄銃をどうやって使った？

初期の火縄銃の天敵は、雨だった。雨が降って火縄が濡れると、火薬に点火できなくなってしまう。火縄を雨から守っても、火皿に水が入れば同じことだった。

やがて、この点は改善され、雨の日でも撃てるようになる。火縄に木綿を使うと、雨に強くなることがわかったのだ。

さらに、水火縄や雨火縄と呼ばれる雨が降っても消えない火縄が開発された。その技法には、火縄に漆を塗って雨をはじくようにしたものもあれば、火縄を鉄漿で煮て、火持ちをよくしたケースもあった。火皿にも改良が加えられ、雨で濡れないようにするため、革製の雨覆いが付けられるようになった。

密書は、どのように運ばれた？

戦国時代、他の武将のもとへ「密書」が届けられることがあった。「密書」を託された武士は、僧侶や山伏に変装して、他国へ潜入することが多かった。

　それは当時、僧侶や山伏は、世俗から無縁の存在とみられていたからである。他の職業の者に比べて、怪しまれたり、取り調べを受けることが少なかったのだ。ただ、僧侶や山伏に変装した場合も、「密書」は着物の中に縫いこんだり、笠の緒にこよりのように巻き込んだりして、隠して運んだ。

「戦国美人」って、どんな美人？

　戦国時代の美人の基準は、現代のそれとは、かなり異なっていた。たとえば、絶世の美女といわれた織田信長の妹のお市の肖像画を見ると、うりざね顔におちょぼ口。目は切れ長の一重まぶたで、平安美人に通じるものがある。

　事実、戦国時代の美の基準は都（京都）の文化にあったといえ、女性の好みも都の影響を受けていたのだ。美人像も平安時代とさして変わらなかったのである。

　たとえば、武田信玄の側室はすべて（当時の基準の）美人だったとされるが、その側室たちを上回る美貌を誇ったのが、正室の三条夫人である。

　彼女は左大臣・三条公頼の娘であり、京都育ちのまさに洗練された公家の娘だった。

重い鎧を着けて、なぜ行軍できたのか?

戦国ドラマを見ていると、甲冑を身につけた足軽らが行軍する場面が出てくる。しかし、重い甲冑を身につけて行軍できたのだろうか?

記録によると、大坂冬の陣の際、徳川軍が大坂に向かう途中で、家康の側近、本多正純が「そろそろ甲冑を着けさせましょうか」と家康にお伺いを立てたという話が残っている。このことから、兵士たちは、ふだんは平装で、甲冑をつけていなかったことがわかる。結局、家康は甲冑はギリギリまで身につけさせず、現在の大阪市住吉区に入ったあたりで、はじめて兵士たちに甲冑を着るよう命じたという。

大坂は敵地なので、さすがに完全武装が必要だったというわけだ。

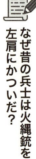

なぜ昔の兵士は火縄銃を左肩にかついだ?

戦国時代の足軽は、火縄銃を右肩ではなく、左肩にかついだ。なぜ左肩でなければならなかったのだろうか?

それは、火縄銃の右側には、火縄挟みやバネ仕掛けなど、重要な機能が集っていたから。また、左肩に銃を担いでいれば、いざというとき、右手で刀を抜く事ができた。

甲冑をつけた侍は、どうやって用を足した？

戦国時代の武将や侍たちは、戦場では甲冑を身にまとっていたわけだが、ときにはその姿のときに用を足したくなることもあるはずだ。そんなとき、どうやって用を足したのだろうか？

むろん、戦場でいちいち甲冑を脱いでいたわけではなく、竹や銅でつくった細い筒を利用していたようだ。筒の先を甲冑の間に差し込んで、その中に用を足し、筒を通して小便を外に出していたのだ。

また、比較的軽装の甲冑を着けていた下級侍などは、甲冑を少しずらして、用を足したこともあったようだ。甲冑とふんどしをちょっとずらして用を足し、すぐ元に戻していたというわけだ。

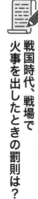

戦国時代、戦場で火事を出したときの罰則は？

戦国時代、陣中で火事を出すと、全員でクジ引きをして、当たった者一人が死罪となった。

このようなルールが決められた裏には、当時の戦いでは、忍びの者らが出没し、敵陣を放火するスキをうかがっていたという事情がある。そのため、陣中での出火は、全員の連帯責任とされたのだ。しかし、全員を罰しては、戦力に影響が出かねない。そこで、クジ引きで誰か一人に責任をとらせ、一罰百戒の効果を上げようとしたのだ。

武士はハゲたとき、髷をどうしていたのか？

実際、髪が薄くなって、髷が結えなくなる武士は多数いた。そういう武士たちはどうしていたかというと、カツラを着用していた。

江戸時代、身分や階級によって髷の形や大きさが決まっていた。そのため、自らの身分を証明するため、武士はハゲても髷が必要だったのだ。髪が薄くなった武士は、まず入れ髪をしはじめ、すっかりハゲてしまうと、身分に応じてつくられたカツラを着用していた。

戦場の侍は、旗差し物が邪魔ではなかったのか？

戦国時代の侍は、戦闘のとき、背中に「旗差し物」を立てて戦った。なぜ、邪魔な旗を背負っていたのだろうか？

当時の戦場には「軍目付《いくさめつけ》」という役がいて、武士たちの働きを見張っていた。「あの侍が一番槍」などと、個々の侍の働きをチェックしていたのである。

当時は、戦場での活躍が出世の基準だ

ったが、いくら敵の首をとっても、軍目付の目にとまらなければ意味がなかった。

そこで、侍たちは、より目立つために旗差し物を背負うようになった。旗差し物は、軍目付に対して自分をアピールするための小道具だったのである。

城のまわりに松の木が多いのは？

日本の城のまわりには、ほぼ例外なく松の木が植えられている。松の木が選ばれた背景には、実用的な理由があった。松が籠城するさいの非常食になるからである。

松の木の可食部は、皮の内側の白い部分。その部分を取り出し、臼でつき、水に浸してアクを抜く。

それをこしてできる白い粉で、餅を作ることができるのだ。

松の木が食べられることは、江戸期以前の人にとっては常識といえ、籠城時以外にも飢饉のときなどには、人々は松の皮をはいで食べていた。

真剣白刃取りは、本当に可能だったのか？

時代劇などに登場する「真剣白刃取り」は、頭上に振り下ろされた真剣を素手ではさみ止めるという技。

伝わるところによれば、柳生石舟斎が

徳川家康にこの技を披露したところ、家康は感嘆、その後、柳生一族は、江戸時代を通じて将軍家の剣の指南番となったと伝えられる。

しかし、現実には、素早く振り下ろされる真剣を素手で止めることは不可能。反応が遅れると、頭を叩き割られ、早ければ手が血まみれになる。だから、真剣白刃取りはあくまでフィクション上の存在なのだが、そのヒントになった技はあったと考えられている。柳生石舟斎の「無刀捕り」である。

石舟斎は、刀を持った相手に対し、素手（つまり無刀）で相対しようとし、「無刀捕り」を編み出した。相手が刀を振り上げた瞬間、相手の体に密着して刀の柄を制し、相手をころがすという技だった。

真剣白刃取りは、この技をヒントにして、講談などのフィクションが生み出した技といえる。

島流しでは、どの島がいちばん楽だった？

江戸時代の流刑では、近江を境に、東の罪人は伊豆七島や佐渡島へ、西の罪人は薩摩、五島列島、壱岐、隠岐、天草島へ流された。

島に流された罪人らは「渡世勝手次第」とされ、労役は課されなかった代わりに、自分で仕事を見つけて、生計をたてなければならなかった。そのため、島が飢饉に襲われたときなどには、餓死する流刑者もいた。

その点、恵まれた環境にあったのは、佐渡島へ流された囚人である。当時の佐渡は金の採掘などで景気がよかった。廻船業や漁業も盛んで、流刑者も仕事に恵まれていたのだ。

江戸時代の寺子屋の授業カリキュラムは？

寺子屋は江戸時代の塾。僧侶や神主、浪人などが教師をつとめ、10~30人くらいの子供を集めて、寺院や神社、民家の一室を利用して教えていた。

その授業時間は、現代の小学校とさして変わらず、朝の8時ごろから昼の12時まで。年長組になると、午後の2時くらいまで勉強した。

教えていたのは、いわゆる読み書き、そろばん。なかでも重要視されていたのは習字で、「いろは」や数字の手習いからスタートし、しだいにそろばんや算術、歴史や道徳などを教わった。

同じ美濃守が3人も4人もいたのは？

美濃守、越前守といった国名のつく役職名を「受領名」という。

平安時代には、実質を伴った官職名であり、現在でいえば、都道府県知事や副知事にあたった。

ところが、江戸時代の頃には、受領名は形骸化し、旗本だけでも、美濃守が3人も4人もいるような状態になった。

受領名の形骸化がはじまったのは、各国に守護が設置された鎌倉時代である。すでに国府は存在しなかったにもかかわらず、受領名が乱発されるようになったのだ。

戦国時代には、戦国大名たちが自身の家系に箔をつけるため、朝廷に働きかけて受領名を購入するようになった。

江戸時代になると、中級武士である旗本までが、朝廷には無断で受領名を名乗るようになり、同じ○○守が何人も存在する事態に至ったのである。

大奥は完全な男子禁制だったのか？

江戸城の大奥は、男子禁制の場所。ただし、男性がまったく入れなかったというわけではなかった。

将軍以外にも、警備の侍や料理人は入ることが許されていたし、老中ら幕府の高官が急用のあるときには入ることがあった。

また、10歳未満の男の子の出入りも許されていた。

江戸時代の人は、自分たちの時代を何と呼んでいた？

「江戸時代」という言葉が生まれたのは意外に早く、17世紀後半の歴史学者の文献には、すでに「江戸時代」という言葉が見られる。ただし、一般にこの呼び名が定着したのは明治時代に入ってからのことだ。

では、江戸時代の人々は、一般的に自分たちの時代をどう呼んでいたのだろうか？

答えは「年号」。現在、われわれが「平成」といっているように、江戸時代の人たちも「天保」「元禄」などと、年号で自分の生きる時代を表していた。

ドイツ人のシーボルトが鎖国中の日本で活動できたのは？

シーボルトは1823年、長崎出島のオランダ商館の医者として来日、翌年、鳴滝塾を開いて西洋医学を教えた。さらに、日本の様子を詳しく調査した。

シーボルトはオランダ人を装っていたが、本当はドイツ人だった。当時、鎖国中の日本では、ドイツ人であることが発覚すれば、即座に追放されたはずである。

現実に、シーボルトの言葉の発音が他のオランダ人と微妙にちがうことを、日本人の通詞が指摘したこともあったようだ。

その際、シーボルトは「自分は身分が高いので、身分の低い者とは言葉が少しちがう」などと言ってごまかたと伝えられる。

また、幕府はうすうす怪しいとは思っていたが、シーボルトの国籍を詮索するよりも、医学知識などを教えてもらったほうが得策と判断していたという説もある。

ペリー提督は、日本に来るまで何日くらいかかった？

1853年（嘉永6）7月、アメリカ海軍のペリー提督が、黒船を率いて浦賀沖に姿を表した。ペリー艦隊はアメリカを出発してから日本に着くまでには、地球をほぼ三分の二周、約七ヵ月もかかっていた。

ペリーは1852年11月24日、ミシシッピ号に乗り込み、アメリカ東海岸のノーフォークの港を出発した。

当時、パナマ運河はまだなかったので、船は大西洋を横断後、アフリカ大陸西岸を南下、喜望峰をまわってインド洋に出た。

スリランカ、シンガポールを経由して北上し、香港に到着すると、他の船の到着を待って再出発。アメリカを出てから半年後、ようやく上海に着いた。

ペリー提督は、上海でサスケハナ号に乗り換えて、まずは琉球（沖縄）に到着。ペリーは国王との面会を強要、首里城に押し入った。

ペリーはその後、小笠原諸島を探検してその領有を宣言。それから琉球に戻り、改めて四隻による艦隊を編成すると、最終目的地である日本を目指した。というような間に、アメリカを出発してから、七カ月が経過していた。

新撰組の衣装の値段は？

新撰組のユニフォームである袖口に入山形のギザギザ模様の入った羽織。その値段は、最初に作ったとき、着物と袴を合わせて50数人分で200両。1人当たりは4両弱で、現在の金銭価値でいえば30万円くらいになる。

京都の大丸呉服店に染めるところから注文してあつらえたと伝えられ、一説には当時、隊長だった芹沢鴨が、豪商の鴻池に資金を出させてつくったといわれている。

国会議事堂はかつて日比谷にあったって本当？

現在の国会議事堂は東京の永田町にあるが、最初の国会議事堂は、永田町ではなく、日比谷にあった。

住所でいえば、現在の港区内幸町あたりである。

　1890年、初の帝国議会が招集されたとき、伊藤博文をはじめ、招集された議員たちは、日比谷の議事堂に登院したのだった。

　もっとも、日比谷の国会議事堂は、当時から「仮議事堂」と呼ばれていた。当時すでに永田町に議事堂を建築する計画があったのだが、帝国議会開設に間に合わせるため、急きょ日比谷に木造の議事堂が建てられたのだった。

　後にこの仮議事堂は火災で焼失している。

自転車が日本へ輸入されたのはいつ頃？

　自転車が初めて輸入されたのは、戊辰戦争中だったとみられる。

　やがて、物珍しさもあって自転車のレンタル業が始まった。

　1872年（明治5）、横浜の元町で、3台の自転車を用いてレンタル業を始めた人は、宣伝のため、自分で東京まで走ったという。

　しかし、一時は話題になったものの、ブームは一過性で、その時点では普及せず、自転車は高価な遊具というイメージで見られていた。

明治20年代から、しだいに輸入台数が増えていく。そして、少しずつ普及すると、自転車を修理したり、部品を製造することが必要となり、そこで活躍したのが、金属についての知識と加工技術をもっていた鉄砲鍛冶職人だった。

その後、第1次世界大戦が始まると、戦争で輸入がストップし、国内生産が拡大し、国内の自転車産業が発達しはじめた。

日本人で初めてネクタイを締めたのは?

ネクタイを初めて締めた日本人は、ジョン万次郎ではないかと考えられている。

万次郎は土佐の漁師だったが、漁の最中、嵐にあって遭難、太平洋に浮かぶ無人島の鳥島に漂着した。

そこで143日間生き延び、アメリカの貨物船に助けられた。

当時、日本は鎖国中だったので、アメリカ船で日本へは帰れない。万次郎はアメリカ本土に渡り、船長の養子になって英語や数学、測量、航海術などを学び、1851年、10年ぶりに日本へ帰ってきた。

そのとき、万次郎は、所持品のなかに「白鹿襟飾（ネクタイ）」を3本持っていたと記録に残っている。

あのミッドウェー島は今どうなっている？

「ミッドウェー島」といえば、太平洋戦争中の激戦地。1942年（昭和17）6月、日本海軍は同島の占領を狙ったが、米空母部隊に待ち伏せされ、主力空母4隻を失うという大敗を喫した。

同島には、戦後も冷戦時代には米軍が駐留していたが、冷戦終結後、撤退。現在、同島は国立野生生物保護区に指定され、300万羽の野鳥の楽園となっている。

とくに、クロアシアホウドリの世界最大の繁殖地として知られている。

その他では、セグロアジサシ、クロアジサシ、ナンヨウマミジロアジサシなど、アジサシ類の海鳥が多数生息しており、戦争当時の滑走路は草におおわれ、海鳥が歩き回っているという。

8

サイエンス

飛行機で宇宙まで行けるか?

飛行機のジェットエンジンでは、宇宙を飛ぶことはできない。

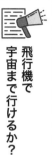

ジェットエンジンの内部では、燃料が霧状に噴射されている。それに火をつけて小爆発を起こして動力としているのだが、火をつけるには酸素がなければならない。宇宙には酸素がないので、爆発は起きず、ジェットエンジンは動力として機能しないのだ。

宇宙まで行けるのは、現在のところ、酸素を必要としないロケットエンジンを付けた飛行体だけである。

火事に遭っても耐火金庫の中身が燃えないのは？

火事に見舞われても、耐火金庫の中身が燃えないのは、内側に詰めてある発泡コンクリートのおかげである。

発泡コンクリートは、大量の気泡を混入させてつくったコンクリートの一種。数多くの穴があいていて、耐火金庫の場合、その穴に水分を含ませているのだ。

火事に遭うと、普通の金庫は外側は燃えていなくても、金庫内が高温となり、中の書類などが燃えてしまうことがある。一方、耐火金庫は、発泡コンクリート中の水分が蒸発して、金庫内の温度を抑えるので、中の紙幣などが発火することはないのだ。

飛行機が西に向かうよりも、東に向かうほうが速いのは？

成田空港からハワイのホノルルまでの飛行時間は、帰りは8時間以上もかかるのに、行きは7時間程度で飛べる。飛行機は、西に向かうより、東へ向かうほうが速く飛べるためである。これは、上空を吹く偏西風の影響によるものだ。

地球の上空には、西から東への偏西風が吹き続けている。だから、西へ向かう飛行機は向かい風を受けて飛ぶことになるが、東へ向かう飛行機は追い風を受けて飛ぶことになり、速度が速くなる。

とくに、偏西風に季節風が加わる冬場は、飛行時間の差が大きくなる。西向きに飛ぶと、予想以上に飛行時間がかかって、途中で燃料が足りなくなることもあるほどだ。

スプレー缶の底がへこんでいる理由は？

スプレー缶の底は、なぜかへこんでいるものだ。それは、スプレー缶の破裂を防ぐための工夫だ。

スプレー缶の中身には液化ガスが混じっている。液化ガスは、ガスに圧力を加えて液体にしたもので、外部に噴射すると気化する。その液化ガスがスプレー缶の中で液体状態でいるのは、スプレー缶内部はつねに高圧状態からだ。

高圧に対して、平面状態の容器は脆く、球体面のほうが強いので、スプレー缶の底は平面ではなく、球面になっているというわけだ。

パラシュートのてっぺんに穴が開いているのは？

パラシュートの最上部には「頂部通気孔」と呼ばれる穴が開いている。その穴が開いているからこそ、パラシュートは無事に着陸できるのである。

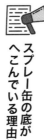

もし、あの穴がなければ、空気はどこから溢れ出るかわからず、パラシュートが傾き、吊られた人間の体が片側へ大きく振られる危険性が高くなる。とくに風の強い日には、命にもかかわる問題になる。

事実、第2次世界大戦期には、まだてっぺんに穴があいているパラシュートが開発されていなかったので、記録フィルムなどを見ると、この危険な現象が続出していたことがわかる。

そこで、てっぺんに穴をあけるという改良が施され、空気を安定的に一定方向から逃がすことによって、パラシュートの安全性は増すことになった。

恐竜の標本作りで骨が足りないときどうする？

恐竜の化石が一頭分まるまる見つかるということは、きわめて少ない。そこで、博物館などで、一体丸ごとを再現するときには、これまでの発掘例を参考に骨格を推定して、足りない部分を樹脂で補っている。

もっとも、一部の骨の化石が見つかったとはいっても、本物の化石は壊れやすく、また研究用に利用されるため、博物館などには本物が陳列されているとは限らない。とくに全身骨格が陳列されている場合は、本物の骨の化石が使われていることは少なく、レプリカだと思ったほうがいい。

エレベータの中で、モノを秤にかけると重量は変わる?

エレベータの中に秤を置き、モノの重さを量ると、普通に量ったときとは異なる数字になる。

まず、降下するときは、通常よりも軽くなる。そして、エレベータが同じスピードで降下している間は、通常と同じ値となるが、エレベータが減速し止まるときには、通常よりも重くなる。逆に、エレベータで上がるときは、上がりはじめに重くなり、止まるときに軽くなる。

これも「慣性の法則」が働くからだ。たとえば、エレベータで降下しはじめると、エレベータと秤は静止し続けようとする。すると、一瞬だけ宙に浮くのに近い状態となり、その分軽くなるのだ。エレベータの下降が終わり、止まるときは、慣性の法則により、モノはまだ下に動こうとする。その分、重くなるのだ。

まな板にヒノキが向いている理由は?

まな板にはヒノキのほか、ホオノキ、ヤナギ、カツラ、イチョウ、サクラなどの木が使われているが、水はけのよさや耐久性の点で、ヒノキがベストとされる。

ヒノキは、内部までよく乾燥し、水分を吸いにくい。そのため、水仕事に長く使っていても、曲がったり歪んだりしないのである。

また、まな板に使われる木には、食材に嫌な匂いを移さないことも求められる。その点、ヒノキは、古くから浴槽などにも使われてきただけに、日本人はその香りになじんでいて、不快に感じる人は少ない。その点でも、まな板にはヒノキが最適とされている。

宇宙空間では、接着剤なしで金属がくっつくのは？

宇宙空間では、表面がよく磨かれた金属同士が、接着剤なしでもくっついてしまう。宇宙開発が始まった時代には、この現象で故障が起きたこともある。

この現象は、氷と氷がくっつく現象とよく似ている。低温になると、物質の表面は互いの分子を交換しやすい状態になる。すると、分子と分子が結びついて、くっつきやすくなる「低温溶接」と呼ばれる現象が起きるのだ。

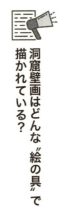

洞窟壁画はどんな〝絵の具〟で描かれている？

人類が最初に描いた〝名画〟は、スペインのアルタミラ洞窟と、フランスのラスコー洞窟に描かれた動物壁画。アルタミラ洞窟は1879年に、ラスコー洞窟壁画は1940年に発見された。

これらの絵が描かれたのは、マドレーヌ期（約1万8000年〜1万年前）と呼ばれる旧石器時代の末期。その時代の人々は、動物を捕獲するための祈りを込めて、動物の姿を描いたと考えられる。

その表現はひじょうに高度であり、しかも赤や黒、黄色など、色とりどりの色彩が用いられている。どんな絵の具が使われたのだろうか？

旧石器時代の人々は、鉄、木炭、マンガン、粘土などを粉にして、動物の脂肪と混ぜ合わせて絵の具にしたと考えられている。そして、指に加え、草や樹皮で作った筆やハケ、あるいは動物の骨でつくった〝霧吹き〟で吹き付けるなどの技巧をこらして描いたと考えられている。

ピラミッドが砂の中に沈みこまないのは？

エジプトのクフ王の巨大ピラミッドは、平均2・5トンの石が230万個も使われている。それなのに、ピラミッドが砂の中に沈んだという話は聞かない。

じつは、ピラミッドは、砂漠の中でもきわめて硬い岩盤の上に築かれている。しかも、石を積み上げるため、岩盤は平らに削られている。古代エジプトの人々は、〝砂上の楼閣〟が崩れやすいことを知っていて、適切な地盤を選び、用地を造成していたのだ。

川の水が流れ込むと、海の水は薄まっているのか？

海には、川から淡水が流れ込んでいる。すると、海水が薄まるのではないかと思えるが、現実にはそんなことは起きていない。

海には、川から大量の淡水が流れ込んでいるが、海の表面からは大量の水が蒸発している。だから、川の水がいくら流れ込んでも、海水の塩分が薄まることはないのだ。

雨が降りそうなとき、雲が濃い灰色に変わるのは？

灰色の雲が広がりはじめると、やがて雨が落ちてくる。なぜ、雨が降る前、雲は濃い灰色に変色するのだろうか？

答えは、雲の粒が大きくなると、太陽光を反射しにくくなるからである。空に浮かぶ雲が白く見えるのは、雲にぶつかった太陽光が、小さな氷や水の粒子にぶつかり、反射しているため。光が多く反射されるほど、その物体は白く見える。

ところが、雲の中の水滴が成長して、雨として降りだす直前になると、太陽光を反射しにくくなり、ほとんどの波長の光を吸収してしまう。すると、雲は灰色や黒色に見えはじめ、地上からはやがて真っ黒な雲が広がったように見えることになる。

爆弾に窒素がよく使われているのは？

窒素は空気の約80％を占める物質であり、通常の状態では燃焼しない。燃えないのは、窒素がきわめて安定した元素であり、簡単には他の元素と結合しないからだ。

逆にいえば、窒素化合物が分離し、窒素分子に戻るときは、巨大なエネルギーを放出するということ。爆薬が炸裂したとき、大きなエネルギーと圧力が窒素化合物に加われば、窒素化合物は分離し、窒素分子となる。そのとき、さらに強力なエネルギーの放出が起きるというわけだ。その性質に着目されて、窒素化合物は爆弾によく使われるようになった。

ハンドクリームに「尿素」が入っているのは？

尿素は、人間の尿中にある成分のひとつ。ハンドクリームの成分表を見ると、その「尿素」が入っていることに気づく。なぜだろうか？

尿素がハンドクリームの材料として使われるのは、尿素分子が水分子をつかまえるという性質を持っているから。尿素入りのハンドクリームを肌に塗ると、尿素がしっかりと水分をつかまえ、肌を乾燥から守ってくれるのだ。

　また、尿素には、たんぱく質同士の結合力を緩くする性質もある。肌の角質部分はタンパク質でできているので、尿素入りのハンドクリームをつけると、角質部分がゆるみ、肌がなめらかになっていく。

1円玉をこすり合わせると、黒い粉が出てくるのは？

　1円玉同士をこすり合わせると、黒い粉が出てくる。どうしてだろうか？

　1円玉はアルミニウムでできていて、こすりあわせると、比較的簡単に削れ、粉末が出てくる。

　それが黒っぽく見えるのは、光の反射のなせるわざ。アルミニウムが光沢を持っているように見えるのは、面を構成しているときで、面が光を跳ね返し、人間の目には光って見えるのだ。ところが、粉末状になると、光はばらばらに跳ね返してしまう。そうなると、人間の目には、黒っぽく見えるのだ。

ベニヤ板はどうやって木材同士をくっつけている？

　ベニヤ板（合板）は、文字どおり何枚

かの板を合わせてくっつけたもの。板を何枚も重ね合わせることで強度を増すことができる。

木材同士をどうやってくっつけるかというと、接着剤が使われている。フェノール樹脂やメラミン樹脂、ユリア樹脂などの合成樹脂接着剤ではりつけられているのだ。

これらの接着剤には、熱によって硬化する性質がある。合板に接着剤を塗布し、常温で圧縮。その後、110～135℃に加熱しながら合板を圧縮すると、接着剤が熱硬化する。すると、板同士がピタリとくっつき合って、はがれなくなるのだ。

ぴかぴか光るラメは何でできている？

ラメは、衣服をキラキラ光らせる素材。ラメはもとはフランス語で、薄片を意味する。その薄片は、昔は金や銀の箔や金属の糸で作られていた。それらを織物にからませ、ラメ入りの衣装を縫っていた。

現代では、アルミニウム箔が使われることが増えている。アルミニウム箔はそのままで銀色に見えるし、その上に紫外線を吸収する化合物の膜を張りつけると、金色にも見える。それで、金銀の代用としているのだ。

屋外で使っている洗濯バサミがボロボロになるのは？

プラスチック製の洗濯バサミは、屋外で使っていると、ボロボロになってくる。なぜだろうか？

プラスチック製の洗濯バサミは、ポリプロピレンという物質でできている。ポリプロピレンは熱可塑性の樹脂であり、耐衝撃性にはすぐれているが、耐候性には問題がある。

耐候性とは、プラスチックを屋外で使ったときの耐久性のことで、ポリプロピレンは紫外線に弱いのだ。ポリプロピレンはポリマーという鎖状の構造をしているのだが、紫外線を浴びると、ポリマーが断ち切られ、強度不足に陥ってしまう。屋外で使っている洗濯バサミは、太陽光を浴びると劣化する運命にあるのだ。

風力発電の風車の羽根が3枚に決まっているのは？

風力発電用の巨大風車の羽根の数は、ほとんどの場合、3枚である。なぜ3枚に決まっているのだろうか？

じつは、巨大風車の羽根は、長さが50メートル近くもある。そのような大型風車で、羽根の枚数を増やすと、コストがかさむうえ、羽根の枚数が多いほど、制御が難しいという問題もある。また、羽根は3枚でも、大型風車の場合、羽根の先端のスピードは時速200キロにも達している。それだけ高速回転していれば、多数の羽根で風を受けているのと同様の効果があり、風を素通りさせていないことになる。というわけで、効率的に発電するには、3枚羽根がちょうどいいのである。

同じ極地なのに、南極が北極よりもはるかに寒いのは？

南極と北極では、南極のほうがはるかに寒い。原因は、北極近辺には陸地が存在しないが、南極周辺には南極大陸という陸地があるからである。

そもそも、海水は比熱が大きく、太陽光によって温まりにくい代わりに冷めにくい。

北極では、その冷めにくい海水が氷の下を流れているうえ、南から暖かいメキシコ湾流が流れ込んでいるので、冬になっても海水温はそれほど下がらない。

一方、陸地は日光によって温まりやすいが、冷めやすい。おまけに、ブリザード（吹雪）が吹き荒れるので、南極大陸での体感気温はますます下がっていく。

「白い火山は黒い火山よりも危ない」といわれるのは？

火山は、その噴出物によって「白い火

山」と「黒い火山」に分けられる。白い火山は、安山岩質の溶岩を噴出するので、山肌が白っぽくなる。一方、黒い火山は、玄武岩質の溶岩を噴き出し、山肌が黒っぽくなる。

それら2種類のうち、危険なのは白い火山である。

安山岩などの白っぽい岩は、粘り気が強いため、火山内部に圧力がたまり、爆発的に噴火するからだ。たとえば、この2000年の間、日本で最大級の噴火は、白い火山である十和田湖周辺で起きている。

なお、富士山は、雪が溶ければ山肌は黒いので、「黒い火山」にはいる。

鳴き砂が年々鳴かなくなっているのは?

鳴き砂は、石英質を主成分とする砂の粒が、こすれて音を出す現象。ところが近年、全国各地にある鳴き砂で有名だった海岸の砂があまり鳴かなくなってきている。

鳴かなくなる原因は、農業排水・生活排水の流入、あるいは開発による海水や海岸の汚れが原因。鳴き砂は表面が汚れると、たちまち鳴かなくなってしまうのだ。また、河川にダムができたことで、砂がせき止められてしまい、砂浜自体がやせ細ってしまったところもある。

「美人の湯」の科学的な共通点は？

群馬県の川中温泉、和歌山県の龍神温泉、島根県の湯の川温泉は、「日本三大美人の湯」といわれ、お肌つるつる効果があるといわれている。温泉と一般家庭の風呂とのちがいは、温泉に含まれる成分にあるが、「美人の湯」には、どのような成分が含まれているのだろうか？

「美人の湯」と呼ばれる温泉は、ほかにもあるが、大半は「ナトリウム炭酸水素塩泉」である。性質はアルカリ性で、湯につかっていると、肌の表面にある角質を溶かし、肌をなめらかにしてくれる。

つまり、美人の湯に浸かると、美容クリニックなどで行われているピーリングと似たような効果が得られるというわけだ。

空気よりも重い二酸化炭素が地表にたまらないのは？

二酸化炭素の重さは、空気の１・５３倍。すると、二酸化炭素が地表にたまって、人間や動物が呼吸できなくなることもありうるのだろうか？

一般に、二酸化炭素の濃度が10％を超えると、人間は呼吸困難に陥る。だが、現実には二酸化炭素が地表にたまって、人間が窒息死することはまずありえない。それは、空気がつねに動き、対流しているから。二酸化炭素の分子も、空気中では音速に近いスピードで動いていて、一つのところにとどまることはないのだ。

しかも、二酸化炭素は、空気中に0・03％存在しているにすぎない。そんな二酸化炭素が特定の場所に10％もたまることは、まず考えられないのだ。過去に二酸化炭素濃度が限界を超えて死者が出たのは、火山噴火によって大量の二酸化炭素が流れだしたときくらいだ。

スポーツウェアに吸い取られた汗はどこへいく？

近年、開発されたスポーツウェアには汗をかいてもサラサラしているものがある。これは「毛細管現象」を利用した素材による効果だ。

毛細管現象は、細い毛細管から太い毛細管に、水分が移動する現象。スポーツウェアに使われる繊維は、ストローのような管状で、側面に小さな穴が無数に開いている。汗がその繊維に触れると、毛細管現象によって小さな穴に吸い込まれ、中心の管に集まっていく。そして、皮膚面とは反対側にある繊維の切れ目から、空気中に汗が発散されるのだ。

こうした素材の働きによって、汗をかいてもスポーツウェアのサラサラ感を保てるというわけ。

ゴム風船についている粉は何の粉？

ゴム風船の表面には白い粉のようなものがついていることが多いが、あれはいったい何の粉なのだろうか？

あの粉は、ゴム風船を型からはく離させるときにつけられるもの。ゴム風船は、顔料などを混ぜたラテックス液に丸い型を入れ、表面に薄く付着した液を乾燥させてつくるが、乾燥後に、あの粉を風船の表裏につけて空気圧をかけると、型からスッポリきれいに抜けるのだ。

なお、あの白い粉は、でんぷん粉や無機物の粉であり、人体に有害なものは含まれていないという。

コンタクトレンズが湯気を浴びてもくもらないのは？

眼鏡は、ラーメンなどを食べても曇るが、コンタクトレンズは湯気もうもうの入浴中もくもらない。どうしてだろうか？

眼鏡のくもりの原因は、表面の結露。眼鏡の周辺に温度差か湿度差があるとき、眼鏡の表面に結露が生じ、眼鏡の表面が凸凹状態になる。それが、眼鏡のくもりの原因だ。

一方、コンタクトレンズは、温かい角膜と直接、接しているため、冬の寒い日でも冷やされることはない。また、ラーメンの湯気がコンタクトレンズにふれても、コンタクトレンズ自体、すでに涙で濡れているから、問題はない。もし、コンタクトレンズに結露が生じても、涙がすぐに洗い流すので、くもることはないのだ。

風船は膨らませるときがいちばん大変なのはなぜ？

ゴム風船を膨らませるときは最初が大変で、息を思いきり吹き入れてもなかなか膨らまない。風船は、膨らませ始めるときが、いちばん大きな力を必要とする。

物理学的には、風船はゴム表面への「過剰圧力」によって膨らんでいく。過剰圧力は、球体の半径に反比例するので、半径の小さいときほど、過剰圧力を大きくしなければならない。だから、風船が小さいときほど、強い過剰圧力（強い息の力）が必要になる。

一片、風船が大きく膨らんだあとは、風船の半径が大きくなっているので、過剰圧力は小さくてもよい。さらに、膨らんだ分、ゴムの膜が薄くなっていることも、過剰圧力を小さくする要素になる。

消しゴムで鉛筆書きの文字が消える仕組みは？

消しゴムでなぜ鉛筆で書いた文字を消

せるのか、その原理をご存じだろうか？

まず、鉛筆で紙に文字を書けるのは、芯（黒鉛）が紙の繊維の間に入り込むから。一方、消しゴムの主成分は塩化ビニル樹脂で、他に可塑剤が混ぜられている。可塑剤の分子構造は黒鉛の分子構造と似ているため、黒鉛とよく引き合う。つまり、可塑剤によって、紙に食い込んだ黒鉛を寄せ集めることができるのだ。

さらに、消しゴムにはセラミックス粉も含まれていて、消しゴムでこすると、そのセラミックス粉が紙の繊維部分を削り、黒鉛を掘り出していく。その掘り出した黒鉛を可塑剤が寄せ集め、塩化ビニルがくっついて、消しカスになるというわけだ。

万歩計が歩数を数える仕組みは？

万歩計の歩数カウント方式は、大きく二つに分けられる。ひとつは、かつては主流だった重りを使う振り子式。万歩計内部にバネをつるし、その先端に重りをつけておく。人が歩くと、万歩計内の重りが上下し、その振動が電気スイッチを開閉させ、歩数をカウントする。

もうひとつの方式は、圧電センサー方式。人が歩くと体が上下に動く。その上下運動の加速度に応じて生じる電圧をキャッチして歩数をカウントする。

強化ガラスが頑丈なのはなぜ？

普通のガラスの3～5倍の強度をもつ強化ガラス。どうやって作られるのだろうか？

まず、普通の板ガラスを７００℃まで加熱し、表面に空気を吹きつけて、急速に冷やす。すると、板ガラスの内部は強く固まり、強化ガラスに生まれ変わるのだ。

熱したガラスを急速に冷ますと、表面はすぐに冷めて固まるが、内部はすぐには冷めず、徐々に固まっていく。このとき、内部のガラスが外側のガラスを引っ張り、ガラスの表面は内部に向けてがっしり固まっていく。これが、強化ガラスの強さの秘密だ。

風船はどこまでのぼれるか？

ゴム風船に、空気よりもはるかに軽いヘリウムガスを詰めると、風船は宙に浮く。

ただ、風船の表面には、目に見えないほどの微小な穴が無数に開いているので、ヘリウム分子はその微小な穴から、少しずつ漏れていく。そのため、ゴム風船は最後にはヘリウムを失って、墜落することになる。

そのゴム風船の高度の限界は、その日の雲の状態によって決まってくる。風船が雲の中を通ると、表面に水滴が付着する。

水滴がつくと、ゴム風船は重くなり、それ以上高く上れなくなるのだ。

風船が雲の上に達することはひじょうに難しい。

電車が急停車するとハエも前倒しになるか?

電車が急ブレーキをかけると、乗客は前倒しになる。これは「慣性の法則」が働くためだ。

物体は、慣性の法則によって、同じ速度を保ち続けようとする。だから、電車が急に減速すると、人間の体はそれまでのスピードを維持しようとして、思わず前倒しになるのだ。

そのさい、電車の中をハエが飛んでいるとどうなるかというと、理論的には空中のハエにも慣性の法則が働く。ハエもそれまでの速度を維持しようとし、前のほうに進むことになる。ただし、現実的には、ハエの体はさほどの影響を受けない。

慣性の法則によって、空気も前に押しやられて、前方の空気密度が増し、ハエの小さな体にストップをかけることになるからだ。

静電気防止スプレーの中身は？

静電気防止スプレーは、どうやって静電気の帯電を防ぐのだろうか？

そもそも静電気は、物体表面に蓄えられる電気であり、摩擦や接触によって生じる。摩擦や接触によって、電子が物体から物体に移り、すぐに発散されないと、物体は帯電した状態になる。それが、静電気のたまった状態だ。

静電気防止スプレーは、その帯電状態を解消する。静電気防止スプレーには界面活性剤が入っていて、静電気現象が起きているところへ吹きかけると、界面活性剤が空気中の水蒸気を吸着する。その水蒸気が空気中に発散されるとき、静電気も一緒に空気中に出ていくというわけだ。

虫除けスプレーの成分はどんなもの？

虫除けスプレーの主成分は、ディートと呼ばれる昆虫などの忌避剤。ディートは、第2次世界大戦時のジャングル戦で、アメリカ軍が昆虫が媒介する疫病を防ぐために、虫除け剤として開発した。

昆虫は、ディートの臭いを嫌って近づかなくなるが、そのメカニズムははっきりわかっていない。一説には、昆虫の触覚に作用し、昆虫を遠ざけるといわれている。

冷蔵庫の野菜室は、他の場所とどうちがうのか？

野菜は乾燥に弱く、含有水分の5％が蒸発するだけで、しなびてしまう。

そこで、冷蔵庫メーカーは野菜専用室をつくり、高湿度状態に保つ工夫を重ねてきた。

その代表的な手法は、間接冷却。ケースカバーで野菜室をおおい、冷気はケースカバーの外側に流す。そうすると、野菜室内はタッパーケース内のような状態となって、乾燥した冷気が野菜に直接当たることはない。

近年、主流になっているのは、複数冷却。野菜室専用の冷却器によって冷やすのだが、その冷却器によってできた霜を溶かし、霜から生じた水蒸気を、野菜室の冷気に混ぜる。そうして、野菜室内の湿度を70％以上に保つという仕組みだ。

赤外線コタツが赤い色を出すのは？

人間の目に見える可視光線のうち、最も波長が長いのは赤であり、それよりもさらに波長が長い光線が赤外線と呼ばれている。要するに、赤外線は人間の目には見えないのである。

それなのに、赤外線コタツの光が赤いのは、電球部分を赤く塗っているから。人間は赤い色を見ると暖かく感じ、青い色を見ると寒々しく感じる。その色彩心理を生かして、コタツの中をより暖かく感じるように、電球を赤く塗っているのだ。ただし、赤外線コタツが赤外線を発していることは間違いない事実。

冷たいヒョウが気温の高い季節に降るのは？

空から降ってくる氷の塊のうち、直径5ミリ以上のものをヒョウ、それより小さいものをアラレという。そのヒョウは、氷の塊なのに、なぜか冬場ではなく、夏によく降る。なぜだろうか？

これは、ヒョウができるためには、空気中の水分が多くなくてはならないため。冬場は温度が低くても、湿度が低いので、ヒョウはできにくい。一方、夏場は湿度が高い分、上空に氷点下の空気が流れ込んでいれば、氷の塊ができるのに適した条件が揃っているというわけだ。

都会のドロはねが落ちにくいのは？

都会のドロはねは、洗濯機で洗ってもシミとなって残りやすい。それは、都会のドロが油分を多く含んでいるため。都会の大気は、自動車の排気ガスなどによって、一定の油分を含んでいる分、都会で降る雨、ドロにも、油分が含まれているのだ。

　そのドロがついた洋服を顕微鏡で覗くと、洋服の繊維に油分がからみついていることがわかる。それが、洗濯してもなかなか落ちない原因だ。

凧がいちばんよく上がるのは風速何メートルのとき？

　凧上げに、もっとも適しているのは、風速3メートルほどの風が吹く日。

　そもそも、凧が上がるのは、凧にぶつかった風が下向きに流れ、凧の下から裏側へ回るから。この風が凧の裏側で揚力となる。では、風は強ければ強いほどいいかといえば、そういうわけではない。風が強すぎると、凧の裏側で乱気流が起き、抵抗力が大きくなって、凧はキリキリ舞いしながら落ちてしまうのだ。

　そこで、風速3メートルほどの風がベストになる。

夜光塗料は普通の塗料とどうちがう？

　夜光塗料によく使われているのは、硫化亜鉛という化合物。この物質には、吸収した光のエネルギーをゆっくりかつ、そのまま光として放出するという性質がある。

だから、夜光塗料は、ヘッドライトなどの光が当たったり、光を浴びると、その光をいったん吸収し、ゆっくり放出するため、しばらくの間、光りつづけるのだ。

気温0℃以上でも氷が張ることがあるのは？

水は0℃で凍り、氷になるはず。それなのに、最低気温は2℃と発表されているのに、水たまりなどには薄氷が張っているものだ。なぜだろうか？

これは、気象庁の発表する気温が、地面近くではなく、地上1・2m～1・5m上の温度だから。太陽が当たらなくなる夜、地表温度は冷え、温かな空気は上昇する。だから、夜明け前の地面は、気象庁発表の気温よりも冷えているのだ。そこで、最低気温が2℃と発表されていても、地面は0℃以下のことが多く、氷が張ることになる。

南極の海水がすべて凍ってしまわないのは？

南極の海水は、零下1・9℃で凍るとされている。南極の気温は零下何十℃にもなるので、海水を凍らせるのに十分な条件だが、南極周辺のすべての海水が凍らないのは、海水が動いているからである。

南極近海には、さまざまな海流が流れ込んでいて、温度の高い海水がたえず流入している。そのため、どんなに気温が下がっても、すべての海水が凍ることはないのだ。

使い捨てライターの燃料は何?

使い捨てライターの燃料は、ブタンガスとプロパンガスの混合物で、主成分はブタンガスである。

外から見ると、液体のように見えるのは、ブタンガスに圧力をかけ、液化してあるから。

なお、カセットコンロのボンベ燃料にも、同じくブタンガスが使われている。

火災探知機はどうやって火事を発見する?

火事が起こりそうなとき、すかさず警報などで知らせてくれる火災報知機。どうやって、火事を発見するかというと、基本的には三つの方法がある。

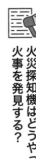

一つは熱を関知する方法で、部屋の温度上昇を感知する方法のほか、温度上昇によって周囲の空気が膨脹したのを感知する方法がある。

ただし、空気の膨脹を感知するタイプは、急激な膨脹に対して反応するため、ゆるやかに温度が上昇するケースは感知しない。

二つ目は煙を感知するもの。感知器からは常時レーザー光が出ていて、煙が感知器内に入ると、レーザー光が煙の粒子に当たって乱反射する。

そこから、煙が出ていることを感知するのだ。

ほかに、感知器内にアメリシウムという元素から出る放射線でイオンをつくり、電流を流す方法もある。

煙が入るとイオンになる率が減るので、電流も減り、そこから感知するのだ。

三つ目は炎を感知するタイプ。炎からは特有の波長や、ちらつきをもつ赤外線が出されている。この波長やちらつきから感知するのだ。

自動販売機はどうやってお金を勘定している？

自動販売機にお金を入れると、正確にお金を算定し、お釣りも間違いなく出てくる。利用者が間違ってゲームセンターのコインなどを入れると、返却口に戻して、受け付けない。

これらの判断を行っているのは、機械内部のマイコン。お札の場合、あらかじめプログラミングされた本物の磁気的特性や光学特性と照合し、本物かどうか、いくらのものであるかを識別している。硬貨の場合、材質の大きさ、厚み、重さなどから、真偽やどの硬貨であるかを判断している。

　こうした処理によって、投入額を算定すると、次は押されたボタンの商品の値段と比較し、販売額が満たされているかどうか判断する。ＯＫなら商品を出し、お釣りが必要なら、お釣りを出すというわけだ。

ふくらんだ紙袋としぼんだ紙袋、どちらが重い？

　紙袋をふくらませて宙に放れば、〝紙風船〟となって、ふわりと宙を浮く。一方、紙袋をたたんで中の空気を追い出せば、放り投げてもすぐに下に落ちてしまう。

　浮くか浮かないかで考えると、同じ紙袋でもふくらませた紙袋のほうが、なんだか軽いように感じられる。

　その一方、ふくらんだ紙袋の中には空気が入っている。空気の分だけ、紙風船のほうが重いような気もする。

　実際はどうかというと、ふくらませた紙袋も、折り畳んだ紙袋も、重量は変わらない。それなのに、浮いたり浮かなかったりするのは、「浮力」がちがうからだ。

　ふくらませた紙袋は、ふくらんだ体積分の浮力を得られる。この浮力によって、宙に浮くことができるのだ。ふくらませた紙袋が軽くなって、宙を浮いているわけではない。

　また、ふくらませた紙袋の中の空気が重量に関係しないのは、紙袋内の空気と外の空気の密度が同じであるため、その重さと浮力が相殺されてしまうのだ。

抗菌グッズはどうやって菌の繁殖を抑える？

　抗菌靴下や抗菌歯ブラシは、どうやって菌の繁殖を抑えるのだろうか？

抗菌グッズには抗菌剤が組み込まれている。抗菌剤を表面にコーティングしたり、素材の中に練り込んであるのだ。

　その抗菌剤には有機系と無機系の二種類があり、無機系抗菌剤の材料は、銅や銀、チタン、亜鉛化合物など。これらのイオンには菌の繁殖を抑えこむ力がある。とりわけ、銀イオンが静菌作用にすぐれている。一方、有機系抗菌剤として使われるのは、フィトンチッドやヒノキチオールなどの植物精油。これらにも菌の繁殖を抑える力がある。

なぜ、分厚いグラスのほうが薄いグラスよりも熱湯に弱いか？

　グラスに熱湯を注ぐと、ヒビがはいることがあるが、同じ素材のグラスで比べると、分厚いグラスのほうが、薄いグラスよりも熱に弱く、割れやすい。なぜ、厚いグラスのほうが熱に弱いのだろうか？

そもそも、ガラスは熱によって膨張しやすい一方、熱伝導率は低い物質。つまり、熱にふれた部分はすぐに膨張しても、熱にふれていない部分までは熱が伝わりにくい。

だから、一部は膨張し、他の部分は膨張しないという歪みが生じやすく、ヒビが入ることになるのだ。

この熱による歪みは、ガラスが分厚いほど生じやすい。薄ければ、熱湯を注いだとき、外側にまで熱が伝わりやすいが、厚い場合は、外側まで熱が伝わらないという状態が長く続く。その分、内と外の膨張率のちがいが大きくなり、歪みが大きくなりやすいのだ。

9
ことば

「々」は1字で何と読む？

同じ漢字を繰り返すときに「々」という〝文字〟を用いるが、厳密にいうと、「々」は文字ではなく、「おどり字」と呼ばれる一種の記号。正式の読み方はないが、慣用的には次のように呼ばれている。

①どう――「々」は、仝（＝同）の字が変化したものだから。

②じおくり――前の字を繰り返すことから。

③ノマ――カタカナの「ノ」と「マ」を組み合わせたように見えるから。

ワープロソフトでは「どう」か「のま」と打ち込めば、変換候補の中に現れるはず。

雨のよく降る6月を「水無月」と呼ぶのは？

日本の6月というと、雨がよく降る季節。それなのに、なぜ「水無月」と呼ばれていたのだろう？

これは、旧暦の「水無月」が、いまの7月に当たるため。7月は梅雨が終わって、太陽が強烈に照りつけはじめ、水が枯れることもある。

そこから、「水無月」と呼ぶようになったのだ。

イカを1パイ、2ハイと数えるのは？

イカは、1匹2匹ではなく、1パイ2ハイと数える。イカを「ハイ」で数えるのは、一説には、イカの脚と内臓を抜くと、酒を飲む「杯」のようになるからだという。

イカを調理するには、まず内臓を抜かなければならないが、内臓を抜くと、残る胴体は袋状になり、そこに水を入れることができる。

つまり、お酒を飲む杯のようになるため、「一杯」「二杯」と数えるようになったのではないかという。

天王星や海王星など、遠い星に「王」の字がつくのは？

「スイ・キン・チ・カ・モク・ドッ・テン・カイ」といえば、太陽系の惑星「水星・金星・地球・火星・木星・土星・天王星・海王星」の記憶法。太陽から遠い2惑星に「王」の字がついているのはなぜだろうか？

天王星は1781年に、海王星は1845年に発見され、ヨーロッパ神話の神々の名がつけられることになった。天王星はギリシャ神話の「天の神」であるウラノス、海王星はローマ神話の「海の神」であるネプチューンから名づけられた。それらが日本語に訳されるさい、「王」という字が当てられた。

紅型の「紅」を「びん」と読むのは？

「沖縄紅型」は、京友禅、加賀友禅などと並ぶ日本を代表する染物。「紅型」の「紅」を「びん」と読むのは、琉球語の発音で、意味も赤という意味ではない。「さまざまな色」を意味すると考えられている。

紅型が成立したのは、琉球王朝時代の一五世紀。海外交易を通じて、中国やインドの染色技法を採り入れ、日本の友禅の影響も受けながら、技術が完成したとみられている。

「トラベル」と「トラブル」が似ているのは？

昔の旅はけっして楽しいものではなかった。交通機関が発達していなかったため、旅行といえば徒歩による肉体労働。しかも、旅行者を狙う盗賊も横行していた。そのような時代、旅は苦しみ以外の何者でもなかったのである。

そこで、ラテン語の「trepalium」（拷問用具）を語源にして、英語の「travel」という言葉が生まれた。その後、「travel」から派生して、現代の英語で「苦労・苦痛」を意味する「trouble」という単語が生まれた。

ニット製品を「カットソー」と呼ぶのは？

ニットのブラウスなどを「カットソー」と呼ぶが、これは和製英語で、本来は「cut and sewn（カット・アンド・ソーン）」という。

直訳すると「生地を切って、縫った衣料」となるから、生地を切って縫った服は、すべてカットソーかというと、そうではない。「カット・アンド・ソーン」は、編み上げられたニット生地を裁断して作った衣料を指す。

通常のニット製品は、生地を裁断しな

いで、袖などのパーツを作っていき、最後に縫い合わせる。一方、カットソーは、ニット生地を作り、それを裁断して縫い合わせるという方法で作る。

警察官を「コップ」と呼ぶのは？

アメリカの俗語では、警察官のことを「cop」と呼ぶ。当初は、警察官を軽蔑的に呼ぶ言葉だったが、いつしか定着し、現在では警察官を意味する一般的な通称となっている。なぜ、そう呼ぶのだろうか？

最も有力な説は、かつて警察官の制服に胴（＝copper）のボタンが使われていたからという説。また、constable on patrol（＝パトロール中の巡査）の頭文字をとって、「cop」と呼ぶようになったとする説もある。

手話は外国人にも通じるか？

手話で、外国人とコミュニケーションをとることは可能だろうか？

答えは「ノー」。手話も、言葉と同様、国によって表現がちがうのだ。たとえば、日本では、親指を立てると「男性」、小指を立てると「女性」を意味するが、欧米では、親指が「よい」、小指が「悪い」というふうに、まったく別の意味になる。

ボディランゲージによるコミュニケーションにも、〝言語〟の壁があるのだ。

マッハはどうして速さの単位になった？

航空機やロケットの速さは、「マッハ」で表される。この「マッハ」という単位名は、オーストリアの物理学者、エルンスト・マッハ（1838〜1916）の名前に由来する。

エルンスト・マッハは、物理学、科学史、哲学、心理学など、多方面にわたる研究を行った学者。超音速研究にもすぐれた功績を残したので、その名が超スピードの単位名に残されることになったのだ。

乗合い車のことを「バス」というのは？

乗合の大型車を「バス」と呼ぶが、これはもともとはラテン語の「万人のために（omnibus）」を短縮した言葉。それが、19世紀にフランスで、乗り物を意味するようになった。

ナントという町に温泉を開いていたボードレイという人物が、入浴者のために温泉地と市内を結ぶ乗合馬車を始めた。ボードレイは事業を拡大するために、運賃を取って一般人も乗合馬車に乗せることにした。その際、一般の人も乗ることができることを示すため、停留所に「万人のために」という看板を掲げた。それが英語化して省略され、「バス（bus）」となった。

チノパンの「チノ」ってどういう意味？

日本で「チノパン」と呼ばれているのは、コットン地のズボン。この「チノ」とは「中国」のことである。

20世紀の初め、英国製のこの生地がインドを経由して中国へ輸出されていた。それに目をつけたのが、フィリピンに駐屯していたアメリカ軍。軍服用の生地として中国から買い付けたので、「チーノクロス」と呼ばれるようになった。

そして、第2次世界大戦期、チーノクロスは下司官用の制服として用いられるようになり、戦後、元兵士たちが私服としても着用。その生地製のズボンを「チーノパンツ」と呼ぶようになり、それが日本では「チノパン」と呼ばれるようになったのである。

臆病者が「チキン」と呼ばれるのは？

英語の「チキン」には「臆病者」という意味がある。なぜ、こんな意味が生じたのだろうか？

日本で「チキン」というと、鶏肉だけを指す。一方、英語では生きているニワトリの意味でも使われ、とりわけヒヨコやメスの若鳥を指す。ヒヨコやメスの若鳥は、人に追いかけられると、あわてて逃げ出すところから、チキンは「臆病者」のたとえとなった。なお、日本でいう「ノミの心臓」は、英語で「チキンハート」という。

灰色ではないのに なぜ「グレーハウンド」？

「グレーハウンド」は、猟犬として用いられてきた犬。いまはドッグレースの主役もつとめている。ただし、グレーハウンドはけっしてグレー（灰色）の犬ではない。黒や茶色に白のグレーハウンドもいる。

じつは、「グレーハウンド」の「グレー」は、灰色という意味ではない。スカンジナビア語の「greyhoundr」が転化したものだ。このスカンジナビア語の「グレー」は、「メス犬」という意味。つまり「グレーハウンド」とは、もとは「メスの猟犬」という意味だったのだ。

「child」の複数形が「children」になるのは？

英語の名詞を複数形にするときは、おおむね語尾に「s」をつければOK。しかし、なかには例外もあり、変則的な複数形もある。その代表格が「child」の複数形である「children」。なぜ「childs」ではなく、「children」となったのだろうか？

中世の英語には、複数形をつくる方法がいくつかあった。「child」にしても、13世紀のイギリス北部や中北部では「er」をつけた「childer」や、「re」をつけた「childre」が複数形として使われ、南部では「en」をつけた「childen」が使用されていた。その後、これらの単語が合体して、「children」となったとみられている。

現在でも、英語圏全部が、「children」に統一されているわけでもない。いまも「childer」や「childs」を使う地方もある。

10セント硬貨のことを「ダイム」と呼ぶのは？

アメリカでは、10セント硬貨のことを「ダイム」と呼ぶ。なぜだろうか？

「ダイム」の語源をたどると、ラテン語の「デシマ」や「デセム」に行き当たる。これらのラテン語が「10分の1」という意味だったのだ。それがフランス語の「ディーム」を経て、英語に取り入れられ、10セント硬貨を表すようになった。

「ストリート」「アベニュー」「ロード」のちがいは？

英語では、道路のことを「ストリート(street)」「アベニュー(avenue)」「アレイ(alley)」「ロード(road)」「ハイウェイ(highway)」など、さまざまな単語で呼び分ける。これらの単語には、一応、使い分けの基準らしきものがある。

まず、「ストリート」と「アベニュー」は、いずれも街中を走る大きな道を指す。ニューヨークでは、さらに厳密に使い分けられ、「ストリート」は東西に走る道、「アベニュー」は南北を走る道を指す。

一方、「アレイ」は小さな狭い道、小道を指す。さらには、路地、裏通りという意味もある。「ロード」は町と町を結ぶ田舎道のこと。「ハイウェイ」は2車線以上の舗装道路のことで、遠距離を結ぶ道路を指す。

「ストア」と「ショップ」のちがいは？

同じ英語でも、イギリスとアメリカでは、微妙に意味がちがうことがある。「ストア(store)」と「ショップ(shop)」はその代表格。

まず、イギリスでは「ショップ」というと、小売店や商店を指す。一方、アメリカでは小売店や商店を「ショップ」ではなく、「ストア」と呼ぶ。だから、「花屋」を意味する「フラワー・ショップ(flower shop)」はイギリス生まれの英語で、薬品店の「ドラッグ・ストア(drug store)」はアメリカ生まれ。

一方、「ストア」は、イギリスでは倉庫や貯蔵庫の意味で使うことが多く、アメリカではデパート内の専門店やサービス業の店を指すことが多い。

「チャーチ」と「チャペル」のちがいは？

日本人には「チャーチ」と「チャペル」のちがいがよくわからないという人がほとんどだろうが、英語ではかなり厳密に使い分けられている。

まず「チャーチ（church）」は教会や聖堂など、建物を指す。

一方、「チャペル（chapel）」は、学校、病院やホテルなど、建物の中にある礼拝堂を指す。教会のなかでも、小さな礼拝場となっている場所は「チャペル」と呼ばれる。

ブロマイドのそもそもの語源は？

「ブロマイド」といえば、スターを写した葉書大の写真のこと。この言葉、もとは英語で臭素を意味する「ブロマイン

(bromine)」に由来する。「ブロマイン」はラテン語で悪臭を意味する「bromos」から派生した言葉で、臭素化合物は「ブロマイド(bromide)」となる。

写真に使う印画紙も、臭素化合物の一つである臭化銀を使うことから「ブロマイド」と呼ばれ、やがてそれに焼き付けた写真も「ブロマイド」と呼ばれるようになった。

無線などで、了解したときに「ラジャ」というのは？

無線で了解したときに「ラジャ」と応じるのは、なぜだろうか？

無線でもっぱらモールス信号が使われていた時代、「了解」という意味でモールス信号の「R」が使われていた。やがて、肉声による通信の時代に移っていっても、「R」が了解を意味することは変わらなかった。

ただ、声で「アール」とだけ言うと、聞き間違いの恐れがあった。それは、他のアルファベットでも同じことなので、聞き間違いのない言い方が工夫され、たとえば「B」と言うときは、「B」の頭文字を使って「ベーカー」とした。

それが、「R」の場合は「ラジャ」となったのだ。その「ラジャ」が、やがて通信の世界にとどまらず、「了解」の意味で幅広く使われるようになった。

大当たりのことがどうして「ジャックポット」？

スロットマシンなどでの大当たりのことを「ジャックポット（jackpot）」と呼ぶ。なぜだろうか？

この言葉、もとはトランプゲームのポーカーに由来し、「ポット」は1回の勝負に賭けられる金額全体を指す。ポーカーで勝負に勝つには、最低でも「ジャック」のワンペア程度の手役が必要だ。そこから「ジャックポット」という言葉が生まれ、大当たりを意味するようになった。

パソコンの「カーソル」を英語では何という？

パソコン画面に文字を入力するときは、表示棒のカーソル（cursor）を動かしながら、入力していく。

このカーソル、日本では綴りをローマ字読みして「カーソル」と読まれているが、英語圏では「カーサー」と読まれている。なお、もとの意味は「走る者」で、「スルスル滑る」といった語感があるところから、パソコン画面上をスルスルと滑るように動く表示棒のことをこう呼ぶようになった。

キスマークを英語では何という?

喉元などについたキスの跡を、日本では「キスマーク（kiss mark）」と呼ぶが、これは日本でしか通じない和製英語。

英語では、「キスマーク」に相当するものは、二つの単語で表し、まず喉元などについたキスの跡は、「passion mark」あるいは「love bite」という。「情熱の印」、「愛の噛み傷」という意味だ。

また、ワイシャツなどについた口紅の跡のことは、「リップスティック・マーク（lipstick mark）」と呼ばれている。

英語では船を「she」で表すのは?

英語では、船（ship）を「she」という代名詞で表す。「it」といっていいところを「She is coming」（船が到着する）などと表現するのだ。

これは昔、新しく建造した船の航海の安全を祈り、女神（goddess）に捧げた慣習に由来する用法だ。その際、船の舳先に女神の像を彫ることが多かったため、船を「彼女」（she）と呼ぶようになったとみられる。

船のほか、「she」で表される単語には、国（country）、地球（earth）、列車

(train)、月（moon）、海（sea）などがある。

「know」の「k」を読まないのは？

「know」（ノウ）のほかにも、英語には「knife」（ナイフ）や「knight」（ナイト　騎士）など、「k」を発音しにくい単語がある。「k」という子音は弱い音なので、長い年月の間に音が消え、発音されなくなったのだが、もとはちゃんと発音される綴りだった。11世紀以前の英語には「k」という文字がなかったので、代わりに「c」が使われ、「know」は「cnawan」、「knife」は「cnif」、「knight」は「cniht」と綴られ、それぞれ「クナーワン」「クニーフ」「クニヒト」と発音されていたのだ。

だが、「k」は日本語の「く」（ku）のように母音を伴わないため、発音が難しく、しだいに発音されなくなったとみられている。

トートバッグの「トート」って、どういう意味？

大型の手提げバッグのことを「トートバッグ」と呼ぶ。その特徴は、容量が大きいことと、口が広く開いているのでモノを出し入れしやすいことにある。

トートバッグは1940年頃、アメリ

カで生まれ、この名がついた。「トート」は英語では「tote」と書き、その意味は「持ち運ぶ」。名前からして、買い物用にはぴったりの袋といえる。

おかっぱ風の髪形を「ボブ」というのは？

おかっぱ風の髪形を「ボブ」と呼ぶが、このボブという言葉、起源は古く、ヨーロッパの古い言語、古代ケルト語にまでいきつく。

古代ケルト語の「ボブ」は小さな固まりを意味し、それが英語に取り入れられたとき、短い髪を意味するようになった。ヘアスタイルのボブも、古くからある髪形だった。

そのボブが女性の髪形として現代に登場したきっかけは、第1次世界大戦だった。男性が戦場に向かい、工場で働く男性が少なくなると、女性が工場で働くようになった。その際、髪が長いと、機械に髪を巻き込まれる危険がある。そこで、働く女性たちは髪形を短く切りそろえ、ボブにしたのだった。それがファッションに取り入れられ、定番のヘアスタイルに育ってきたのだ。

マッチョって、そもそもどういう意味？

筋肉モリモリの男性のことを「マッチ

ヨ」というが、この「マッチョ」は、もとはスペイン語で男性を意味する言葉。そこから、男らしい、強いという意味が生じた。

その言葉がやがて新大陸に伝わり、アメリカでも使われはじめる。すると、しだいに意味に変化が生じ、単に「男、オス」ではなく、より男臭い意味合いが加わることになった。やがて、筋肉むきむきの男性を指すよりになり、日本には、その意味の外来語として伝わってきた。

シンデレラ姫の本名は？

『シンデレラ』とは、じつはこの物語の主人公の本名ではない。継母から付けられた一種の〝あだ名〟だ。

主人公の少女は、継母や姉からいじめられ、眠るのはベッドではなく、台所の暖炉のそば。

ある日、彼女が暖炉の灰をかぶって、うとうとしていると、継母が「また、灰まみれになっている。そんなお前は、『シンダー・エラ』と呼ぶのがお似合いね」とあざ笑った。

「シンダー（cinder）」は「灰」のことで、「シンダー・エラ」を直訳すると、「灰まみれのエラ」になる。だから、この主人公の本名は「エラ」だったとみられる。

赤ん坊の下着を「おむつ」というのは？

「おむつ」という呼び名は、赤ん坊の産着を意味する「襁褓《むつき》」に由来する。「襁」は赤ちゃんを背負う絹織物のヒモのことで、「褓」は赤ん坊の衣服。この「襁褓」に「お」をつけ、さらに略されて「おむつ」となった。

襁褓の歴史は古く、『紫式部日記』にも産着の意味で登場している。それが、赤ん坊用の下着を意味するようになったのは、江戸時代になってからのこととみられる。

なお、「おしめ」という言葉は、「湿り」を受け止めるという意味に由来する。

釣りで1匹も釣れないとき、「ぼうず」というのは？

釣りの世界では、1匹も釣れないことを「ぼうず」と呼ぶ。なぜだろうか？

この「ぼうず」は、ご想像どおり、お寺の坊主に由来する。

僧侶は髪の毛を剃っているところから、釣り人は、1匹も釣れないのは「魚っけ（毛）がない」からだとし、そこから1匹も釣れない状態を毛のない坊主頭にたとえたという。

また、釣りで1匹も釣れずに終わった

ときは、お葬式を出したような気分になる。

寺院から坊主を呼んで、お経でもあげてもらいたい気分であるところから、「ぼうず」と呼ぶようになったという説もある。

格闘技でつまらない試合を「しょっぱい」というのは？

プロレスや総合格闘技では、つまらない試合は「しょっぱい！」と非難される。

この「しょっぱい」、もとは相撲界の隠語である。

角界では、弱い力士は土俵上にころがされ、土俵にまかれている塩をなめることになる。

そこから、いつも塩味を口にすることになる弱い力士を「しょっぱい」と呼ぶようになったのだ。

プロレス界で「しょっぱい」を最初に使ったのは、日本プロレスの祖である力道山である。

力道山は相撲からプロレスに転身してきたため、相撲世界の風習や言葉をプロレス界にも持ち込んだ。

その後、プロレス界では「しょっぱい」の意味が微妙に変化し、お客をシラけさせるようなつまらない試合やレスラーのことを「しょっぱい」と呼ぶようになった。

ラジアルタイヤの「ラジアル」ってどういう意味？

ラジアルタイヤの「ラジアル」は「放射状」という意味。

タイヤの骨組みとなる繊維が放射状に織られていることから、この名が付けられた。

タイヤは単なるゴムの塊ではなく、内側にはポリエステルやナイロン、レーヨンなどの化学繊維が補強材として使われていて、各繊維の織り方によってタイヤの性質は変わってくる。

放射状に織ってあるのがラジアルタイヤで、その織り方だとゴムを補強するうえ、摩擦力が強まり、スリップしにくいタイヤができあがるのだ。

樋口一葉の「葉」は何の葉？

樋口一葉は『たけくらべ』や『にごりえ』で知られる明治の女流作家。本名は樋口奈津で、一葉はペンネームだ。

この一葉の「葉」は、葦の葉である。一葉は、禅宗の始祖達磨が一枚の葦の葉に乗って中国に渡ったという故事にちなんで、こう名乗るようになった。

達磨には足がないが、自分の家にもお金（足）がないというシャレだったという。

とび職を英語では何という？

とび職は、建設現場の高所で働く作業員のこと。「とび口」という道具を用いていたことから、江戸時代より「とび職」と呼ばれるようになった。

彼らは、英語では「スパイダーマン」と呼ばれている。もともと、英語では「construction worker（建設作業員）」や「scaffolding man（足場工）」と呼ばれていたのだが、近年、「spider man（蜘蛛男）」を呼ばれることが増えているのだ。

ご存じのように、「スパイダーマン」は、コミックから生まれ、映画化もされたクモのような特殊能力をもつヒーローのこと。とび職の仕事と、高所を苦もなく飛び回るヒーローのイメージが結びついたわけである。

イチジクと浣腸の関係とは？

浣腸薬として有名な「イチジク浣腸」は、１９２５年（大正14）、東京在住の医師・田村廿三郎によって考案された。田村は仲間の医師と協力して手軽な浣腸器の開発に成功すると、「東京軽便浣腸製造所（現イチジク製薬）」という会社を興し、イチジク浣腸を売りだした。

これに「イチジク」という名前をつけたのは、その形が果物のイチジクに似ていたから。というより、もともと便秘にはイチジクがいいという民間療法があったので、浣腸器の形をイチジクに似せて作ったようだ。

女性が首に巻く襟巻「ボア」の名の由来は？

肩や首に巻く毛皮などのことを「ボア」と呼ぶが、その名は大蛇の「ボア」に由来している。ヘビのボアはボア亜科に属するヘビの総称で、生息地はおもに南米の熱帯雨林。大きいものになると、5・5メートルにも成長する。

そのヘビが襟巻の名前になったのは、むろん首に巻く様子がヘビを巻いているように見えたから。19世紀初期、ヨーロッパ女性の間で、薄手のドレスの上に、布で肩を包むというスタイルが流行した。その素材が毛皮に変わった頃から、大蛇のボアと呼ばれるようになったのである。

サクソフォンの「サクソ」って、どういう意味？

ジャズ演奏に欠かせない楽器、サクソフォン。その名は、人名にちなんでつけられている。

サクソフォンはサックスとも呼ばれる

が、ベルギーの楽器製作者、アントワーヌ・ジョセフ・サックスが、１８４０年頃にバス・クラリネットを改良し、新しい楽器を考案したことにちなんでつけられた名だ。

ピラミッドって何語なの？

ピラミッドといえば、エジプトを象徴する建造物である。ただし、この「ピラミッド」という言葉はエジプトの言葉ではない。

あの三角錐の巨大建造物に「ピラミッド」と名付けたのは、ギリシャ人だった。起源前7世紀ごろから、エジプトには大勢のギリシャ人が住み、そのなかには学者もいた。

そのギリシャ人学者らが、自分たちの言葉で「ピラミッド」と名付けたのである。

当時、ギリシャでは、三角形のパンを「ピラムス」と呼んでいた。そこからピラミッドという言葉が生まれたとみられている。

スフレってどういう意味？

スフレは、卵白を泡立て、その気泡を利用して焼き上げる菓子や料理を総称する名。もともとスフレ（souffle）は、フランス語で「膨らんだ」という意味の言葉だ。

焼き上げると膨らみ、熱いうちに食べないと、しぼんでしまうところから、この名前がついたとみられる。

小指と小指を結ぶのは、なぜ「赤い糸」？

〝赤い糸伝説〟のルーツは、『古事記』『日本書紀』に記された「三輪山伝説」にあるとみられる。

その伝説によると、素性の知れない男の子供を身ごもった娘が、男の素性を知るため、赤土を床の前に散らし、糸を通した針を男の衣のすそに刺した。翌朝、その糸の先を見ると、三輪山の社まで続いており、その男が三輪山の神であったことがわかったという。

この「三輪山伝説」から、「運命の相手とは、小指と小指が赤い糸で結ばれている」という伝説が生まれたのだ。

スターバックスの社名の由来は？

コーヒーチェーンのスターバックス。この社名は、アメリカの作家メルビルの小説『白鯨』に由来する。

同社は、アメリカのシアトルで、３人のアメリカ人によって起業された。そのうちの一人は、ゴードン・バウカーという作家で、彼は『白鯨』に登場する捕鯨船の船名から、「ピークウォド」という社名を提案した。

ところが、英語で「ピー」は尿、「クウォド」は刑務所を意味するため、却下され、結局、「ピークウォド」号に乗るコーヒー好きの一等航海士「スターバック」の名を使うことになった。

側頭部の髪を「もみあげ」と呼ぶのは？

側頭部の髪は、下に向かって生えているのに、なぜか「もみあげ」という。なぜだろうか？

この言葉のルーツは、江戸時代の中期までさかのぼる。江戸時代、髷を結っていた侍たちは、耳の横にあるびん（側面の髪）に油をつけ、上にあげていた。ところが、この部分の髪は下に向かって生えているうえ、長さもないので上に持ちあげるのが難しい。そこで油に混ぜ物をして髪につけて揉み、上に持ちあげていた。揉んであげていたので、「もみあげ」と呼ぶようになったというわけだ。

10 人体・健康

失恋すると、食事がノドを通らなくなるのは？

失恋すると、食事もノドを通らなくなることがあるものだが、それは次のような体と脳のメカニズムから起きる症状だ。

失恋を含め、大きなショックを受けると、その刺激が脳内の視床下部をゆさぶることになる。視床下部は自律神経系の中枢であり、刺激を受けると、アドレナリンを分泌させる。そのアドレナリンが血液中に入ると「交感神経」を緊張させる。

一方、消化器系の臓器は副交感神経に

コントロールされているため、交感神経の緊張が高まると機能が低下する。すると、消化作用が衰え、食欲はなくなり、食事もノドを通らなくなってしまうのである。

生まれたての赤ちゃんがウンチするのはどうして？

新生児は生まれるとすぐにウンチをする。

ただし、そのウンチは、医学用語で「胎便」と呼ばれ、ふつうの便とはちがうものだ。

胎便は青黒色で、ネバネバ・ドロドロのクリーム状の便が、分娩後、約2、3日続けて排泄されるが、合わせて100～200g程度と、量は少ない。

その成分は、胎内で飲み込んだ羊水、赤ん坊自身の腸管の分泌物、胆汁の色素、脂質、コレステロール、小脂肪球《しょうしぼうきゅう》など。

なお、食物のかすではないので、臭いはない。

座って勉強しているだけなのに、お腹が減るのは？

試験勉強をしていると、むしょうにお腹がへってくるもの。運動をしているわけではないのに、なぜお腹がすくのだろうか？

人体がエネルギーを消費するのは、筋肉を使って運動したときだけではない。脳は〝大食漢〟の臓器であり、体を動かさなくても、脳を働かせれば、大量のエネルギーを消費するのだ。

脳はブドウ糖をエネルギー源にしている。人間の脳の重さは1〜1・5キロ程度であり、体全体の2％ほどの重さしかない。ところが、脳のブドウ糖消費量は、体全体の75％にもおよぶのだ。

つまり、脳をフルにつかって勉強や仕事をしているときには、ブドウ糖がどんどん消費されている。すると、血糖値が下がって、お腹がすいたと感じるというわけである。

目に煙が入ると、涙が出てくるのは？

涙には、神経の興奮によって出るケースと、刺激によって出るケースの二つのタイプがある。

煙を浴びたときに出る涙はむろん後者で、医学的には「反射性分泌」と呼ばれる部類にはいる。

では、煙は目にどのような刺激を与えているのだろうか？

煙は、空気中に浮くチリのような固体と、ガス体が集まってできたもの。そのうち、チリのような小粒子が目に入ると、ゴミが入ったときと同様に目を刺激する。

　また、煙にはさまざまなガス体が含まれていて、目の粘膜を刺激する。この二つの刺激に反応して、涙が出てくるのである。

帽子をかぶるとハゲるって本当？

「帽子は髪によくない」という説には、それなり根拠がある。

　長時間帽子をかぶり続けていると、頭皮が蒸れて汗をかく。すると、雑菌が増え、毛根に悪影響をおよぼすことがあるのだ。

　また、窮屈な帽子は圧迫性脱毛症を招くこともある。

　窮屈な帽子をかぶり続けていると、頭皮の毛細血管が圧迫され、血液循環が悪くなって毛が抜けるという現象が起きうるのだ。

　ただし、帽子にもいい点はあって、髪を日射しから守ってくれる。紫外線に当たると、髪が傷むばかりか、頭皮が炎症を起こして毛根に悪影響をおよぼすことがあるのだ。

　というわけで、結論は「帽子をかぶり続けると、ハゲの原因になることがあるが、日差しの強い日に帽子をかぶるのは髪の毛を守ることになる」ということになる。

白髪を抜いても白髪が生えてくるって本当？

白髪を抜いたところで、また同じ毛根からは白髪が生えてくるというのは本当の話。

白髪を抜いても、頭皮の内部には、毛髪を生み出す毛母細胞が残っていて、毛髪を再生する。

その際、いったん白髪をつくりはじめた毛母細胞からは、白髪しか生えてこないのだ。

だから、白髪を抜いても、結局はまた白髪が生えてきて、無駄な努力に終わるというわけ。

石頭の「硬度」はどれくらい？

中学校の理科で習った「モースの硬度計」をご記憶だろうか？

これは、未知の鉱物の硬さを調べる際、10種類のすでに硬さが知られている鉱物で順番に引っかいてみて、傷つくかどうかによって、硬さをはかる方法である。

モースの硬度計に用いられる鉱物を柔らかいものから順番にあげると、①滑石、②石膏、③方解石、④蛍石、⑤燐灰石、⑥正長石、⑦水晶、⑧黄石、⑨鋼玉、⑩ダイヤモンドの順。

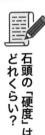

では、人間の石頭は、どのあたりに相当するかというと、石膏よりは硬いが、方解石よりは柔らかいというあたり。「硬度」でいえば2・5くらいに相当する。

飢えると、お腹がふくらむのはどうして？

人間は飢餓に瀕すると、全身は痩せこけていても、お腹だけがぽっこり出てくる。なぜだろうか？

お腹がぽっこり出てくる原因は「腹水」だ。栄養失調になると、体内の水分バランスがくずれ、血管から水分が流れ出てしまう。その結果、腹水がたまるのだ。

飢えると血管から水分が流れ出ることには、「浸透圧」が関係している。栄養失調の状態になると、血液にとけこむ栄養分がなくなってしまう。すると、血中のたんぱく質濃度が低くなり、水分を血管内にひきこもうとする力が弱まって、水分が外側へ押し出されてしまうのだ。その結果、水分は「腹腔」という場所にどんどんたまっていき、最終的にお腹だけがぽっこり出てしまうというわけだ。

発毛剤で髪の毛が生えてくるメカニズムは？

発毛剤は新しい毛髪が生えてくるのを

手助けするもの。どうやって発毛をサポートするのだろうか？

まず、毛髪には「毛周期」と呼ばれるサイクルがあり、髪が育つ「成長期」と、髪が抜ける「退行期」を繰り返している。さらに、「成長期」のなかには、毛母細胞のある毛包が育つ初期成長期と、毛包と毛髪がともに成長する後期成長期の二つの時期があり、後期成長期が長いと、それだけ毛髪は太く丈夫になる。

発毛剤をつけると、発毛剤の有効成分が後期成長期への移行をうながして、後期成長期を長く維持する効果があるのだ。つまり発毛剤とは「毛周期」を調整する薬品といえる。

「睡眠薬を大量に飲むと死ぬ」というのは本当？

いまは、睡眠薬を大量に飲んでも、死ぬ確率は昔よりもはるかに低くなっている。

昔、睡眠薬というと「バルビツール系」が一般的だった。バルビツール系は麻酔薬の一種で、睡眠効果が大きい分、副作用も強烈だった。長期間服用すると依存症になり、過剰に摂取すれば呼吸中枢が麻痺したり、命を失う危険性もあった。

一方、現在主流となっているのは、「ベンゾジアゼピン系」と呼ばれるタイプ。

　これは、不安や興奮を抑えることで眠気を誘うもので、バルビツール系のような危険性はほとんどない。

毒物の致死量をどうやって測定する？

　毒物の致死量は、これだけの量を飲むと死に至るという量の目安。日本では「これだけの量を飲むと、１００人のうち50人が死に至る」という「半数致死量」が使われている。では、この数値はいったいどうやって算出しているのだろうか？

　むろん人体実験が許されるはずもなく、マウスなどの実験動物が使われ、体重１kg当たりの量が致死量として算出されている。

　たとえば、「半数致死量10mg」の毒の場合、「半数致死量10mg／kg」のことであり、その毒で体重60kgの人間１００人のうち、50人を死に至らしめるには、全員に10×60＝６００mgの毒を飲ませなければならない、という意味になる。

お風呂で指はふやけるのに、腕がふやけないのは？

　ゆっくり湯船につかっていると、指先がふやけてシワシワになってしまうことがある。しかし、てのひらや腕がふやけることはない。

指だけがふやける理由は、大きく分けて二つある。一つは、指先や足裏の角質層が他の部位よりも分厚いこと。体のおもな部分の角質層は5~8層にすぎないが、指先は40層、足裏は70層もの角質層からできている。その角質層には、水分を閉じ込める働きのある細胞間脂質（セラミド）という成分がたっぷり含まれて、角質層はスポンジのように水分を蓄えやすくなっている。

だから、長い時間、風呂につかっていると、指先などの角質層は水分を吸収し、ふやけたように見えるというわけだ。

もう一つの理由は、指や足裏には皮質腺がないこと。脂分を分泌しないので、水をはじくことができず、水分を吸収しやすいというわけだ。

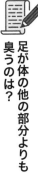

足が体の他の部分よりも臭うのは？

足は、体の他の部分よりも、悪臭を放つもの。なぜだろうか？

足の裏は、人体のなかでも「エクリン腺（汗腺）」が多く、汗をかきやすいところ。しかも、靴や靴下を履いているので、高温多湿状態となり、微生物にとっては願ってもない環境となる。さらに、足の裏には垢など、微生物のエサとなるものがたっぷり存在する。微生物はあれよあれよという間に大繁殖し、あの発酵臭を生じさせることになるのである。

とりわけ、ブーツに厚手の靴下を履いていると、微生物にとっては天国。発酵臭が増幅され、悪臭を放つことになる。

徹夜で疲れてくると、なぜ笑いが止まらなくなる？

徹夜マージャンをしていると、午前三時頃から、笑いが止まらなくなることがあるもの。これは、医学的には、意識のコントロールができなくなったことの表れだという。

長く起きていると、精神の緊張状態が切れ、笑いの感情をおさえることができなくなってしまうのだ。

とくに、緊張状態が長く続いたときほど、その傾向は強くなる。だから、真剣にマージャンを打っていたときほど、その緊張状態の反動から、笑いが止まらなくなってしまうのである。

吐く息が白くなるのは何℃から？

冬場、息を吐いたときに白く見えるのは、息の中の水蒸気が冷やされるから。人間の息は、ただの空気ではなく、水が気化した状態の水蒸気もたっぷり含んでいる。その水蒸気は温度が下がると、一部が凝結。凝結した水を含んだ水蒸気が、光の散乱によって白く見えるのだ。

　では、何度ぐらいから白くなるかというと、おおむね摂氏10℃くらいから。人の吐く息はほぼ体温と同じ温度なので、外気が10℃くらいになると、呼気中の水蒸気が凝結して、吐く息が白く見えるというわけだ。

巨乳は、レントゲン撮影のジャマにならないか？

　レントゲン撮影は、人体を透過する放射線（X線）を使って、心臓や肺といった臓器を検査する技術。

　そのX線は、骨には吸収されやすく、脂肪や筋肉は透過するという性質を持っているため、体にX線を照射すると、それぞれの組織のちがいにより、フィルムへの感光差が生じる。それが、白黒の濃淡となって表れる。

　腫瘍のできた臓器に〝影〟が写るのは、X線がそこだけ透過しにくくなるからだ。

　じつは、レントゲン撮影では、巨乳の女性は、脂肪の厚みの分、黒っぽく写り、胸に影ができるケースが多い。

　といっても、その影は、乳房の脂肪と乳腺が写っているだけのことであり、また巨乳によってできる影は、癌などの影とは、簡単に見分けがつき、診断には影響をおよぼさないので、ご心配なく。

眉毛のない顔がコワく見えるのは？

眉毛は、人の表情を作るうえで、重要な役割を果たしている。たとえば、目が笑っていても眉が動いていなければ、喜んでいるようには見えないし、悩み事があれば眉間が寄るものだ。

人は、経験的に眉に相手の心理状態が現れることを知っている。意識していなくても、目の前の人の眉の状態や動きを見ることで、相手の気持ちを察しているのだ。

しかし、眉がなくなると、相手は表情が乏しくなり、コミュニケーションを拒否しているように見える。

そのためコワいと感じることになるのだ。

宇宙に行くと、背が伸びるのは？

女性宇宙飛行士には、15日間の宇宙滞在で、身長が4センチ伸びた人もいる。これは、無重力空間で暮らすうちに、背骨を構成する椎骨と椎骨の間が伸びるためだ。

一般に「背骨」と呼ばれる骨は、頸椎と胸椎、そして腰椎の3部分に分かれている。さらに、頸椎は7個、胸椎は12個、腰椎は5個の椎骨から成り立っている。そして、椎骨と椎骨の間には、ヘルニアを患うこともある「椎間板」と呼ばれる軟骨がある。

その椎間板が、地球上では、頭の重さのために圧迫されて縮んでいる。ところが、宇宙空間では、重力の影響を受けないため、その縮んでいる部分が伸びるのである。

たとえば、頸椎から腰椎まで22個の椎骨の間が2ミリずつ伸びると、全体で4・2センチも伸びることになる。

宇宙空間でオナラをするとどうなる？

宇宙開発者にとって、宇宙空間でのオナラは、かなりの重大問題である。オナラには水素やメタンガスが含まれているため、電気系統と接触・引火でもしたら、大事故に発展する可能性がないとは言いきれないからだ。

また、宇宙空間は無重力なので、空気は対流しない。すると、放たれたオナラは拡散することなく、その場にガスの塊として漂いつづけることになる。

そのため、ガスが漂う一定の場所は、いつまで経っても臭いつづけることになるのだ。

そこで、オナラが出そうなときにはトイレに駆け込むのが宇宙船の搭乗ルールとなっている。

恐怖で顔から血の気が引くのはなぜ？

恐怖を感じたとき、顔から血の気がひき、真っ青になるのはなぜだろうか？これは、人間が恐怖や危険に遭遇したとき、瞬時に行動を起こすための準備といえる。

人間は恐怖を感じると、自律神経のうちの「交感神経」がしぜんに優位になり、全身が緊張状態になる。さらに、ノルアドレナリンやアドレナリンといったホルモン物質が分泌され、体にさまざまな変化が現れる。皮膚が総毛立ちになり、心臓は激しく鼓動し、瞳孔は大きく開かれる。

そして、全身の末梢神経が収縮し、血管が細くなり、顔も血の気の引いた状態になる。血管を流れる血流量が少なくなれば、顔からも赤味が消え、真っ青に見えるというわけである。

雪焼けが落ちにくいのは？

同じ日焼けでも、夏の日焼けが短期間で落ちるのに比べ、冬の日焼けはなかなかもとに戻らないものだ。なぜだろうか？

雪焼けは、雪で反射した紫外線による日焼け。雪焼けのほうが落ちにくい理由の一つは太陽光に対する慣れの問題。夏場は、皮膚が紫外線に慣れているので、肌に抵抗力がある。その分、落ちやすいのだ。

また、体の新陳代謝にしても、冬場は夏よりも鈍くなる。だから、肌の変化も遅くなり、雪焼けは落ちにくくなるというわけだ。

また、大気が澄んだ場所のほうが、紫外線はより強く降りそそぐ。雪山は空気が澄んでいる分、紫外線量は多くなる。

うたた寝をすると、風邪をひきやすいのは？

人間の体には、周囲の状況変化に対応する機能が備わっている。それが自律神経の役割で、暑くなると汗をかき、寒くなると鳥肌がたつという具合だ。

ところが、睡眠中は、この自律神経の働きが鈍くなる。

それがあるので、ふつうは布団に入るなどの準備をしてから眠りにつくのだが、うっかりうたた寝してしまうと、体は気温の変化などに対応できず、体温を奪われていく。

そのため、風邪をひきやすくなるのだ。

人間の体の中で、金属はどのように役立っている？

体内にある元素のうち、97％は酸素、

炭素、水素、窒素で占められている。残り3％は、イオウ、リン、塩素と金属（ミネラル）である。

　そのうち、金属は、不足すると体が正常に動かなくなるほど、重要な役割を担っている。それらの金属は、体内でどんな働きをしているのだろうか？

　たとえば、カルシウムは、細胞の外（骨や歯など）にはたくさんあるのに、細胞内にはわずかしかない。そのため、細胞内に入るときにはシグナルの役割を果たし、情報を伝える働きをしている。

　さらに、カルシウムは、受精、妊娠、筋肉の収縮と弛緩など、幅広い生命活動にかかわっている。カルシウムは、それほど重要な物質なので、骨という倉庫に大量に蓄えられているのである。

ビフィズス菌は、なぜお腹にいいのか？

　腸内にすむ腸内細菌のなかでも、もっとも大切な善玉菌といわれるのが、ビフィズス菌である。ビフィズス菌がお腹にいいといわれるのは、乳酸や酢酸を作りだして、腸内細菌のバランスを回復してくれるからである。

　人間の腸内には、ビフィズス菌以外にも、いろいろな細菌がすんでいる。小腸の上部には乳酸菌や腸球菌が多く、小腸下部から大腸へ行くにしたがい、大腸菌が増えていく。数は多いものもあれば、少ないものもあるが、健康な状態では、これらの腸内細菌がほぼ一定のバランスを保っている。

そして、そのバランスのとれた状態で、消化を助け、ビタミンを合成し、また外から侵入してきた細菌による感染を防いでいる。

しかし、何らかの原因によって、善玉菌が減ったりしてバランスが崩れると、下痢を起こしたり、お腹の調子が悪くなる。そんなとき、食物摂取によってビフィズス菌を補給してやれば、乳酸や酢酸を作ることで、腸内細菌のバランスを正常に戻してくれるのである。

また、ビフィズス菌には、腸のなかを酸性にして、有害な細菌を増やさないという効果もある。

天然パーマってどうなっている？

いわゆる「天然パーマ」が遺伝によることはよく知られているが、具体的には、髪の毛の何がどうなると、天然パーマになるのだろうか？

専門家によると、髪の毛の状態は、頭髪の根元にある毛ほう部が、皮膚に対してどんな角度になるかによって決まるという。毛ほう部が皮膚に対して垂直ならば直毛で、少し斜めであれば、波状のくせ毛となり、うんと斜めなら縮れ毛になる。

髪の毛の根元をよく見ると、毛ほう部が皮膚に対して垂直の場合には、まっすぐな円筒形の毛が生えてくる。ところが、毛ほう部が斜めになると、まっすぐに伸びようとする毛は周囲にぶつかってつぶれたようになる。

すると、毛の断面が楕円となり、髪の毛の中にある「毛皮質（コルテックス）」が片寄ってしまう。

直毛の毛皮質は、毛の円筒形の中に均等に存在しているが、これが片寄ると、髪の毛がらせん状にねじれ、天然パーマとなっていく。

精子のスピードは時速どれくらい？

精子はペニスから女性の膣内に発射されると、卵子を目指して泳ぐことになる。その精子の速度、勢いよく発射された様子からは、相当の速さのように思えるが、じつは1分間に5ミリ程度。

ただ、精子の大きさは50ミクロン（1ミクロンは１０００分の1ミリ）なので、精子は1分間で長さの１００倍動くことになる。これを身長１７０センチの男性に換算すると、1分間で１７０ｍ動くようなものだ。人間の場合、自由形だとオリンピック選手クラスで50ｍを20秒ちょっとで泳ぐ。1分だと150m程度。つまり精子は、オリンピック選手よりも速いスピードで泳いでいることになる。

女性に甘党が多いのは？

「甘党」と呼ばれる人は女性に多い。一方、男性には辛党が多い。この甘みに対する嗜好のちがいは、どこから生じるのだろうか？

ラットを使った実験によると、以下のようなことがわかっている。

①ラットに、水道水と3％のブドウ糖水の2種類を自由に飲ませる実験では、オス・メスともに、甘いブドウ糖水を好んで飲んだが、メスの方がはるかに多く飲んだ。

②次に、メスの卵巣を取り去ったところ、正常なメスと比べ、甘い水を飲む量が減少した。

③その後、メスラットに卵胞ホルモンと黄体ホルモンを注射すると、再び甘党にもどった。

④また、生後5〜6日までに、メスに男性ホルモンを注射しておくと、オスと同じように甘党でなくなった。

以上のような実験結果から、動物の甘味の嗜好は、男女の性ホルモンと関係することが、わかってきている。

男と女の血液は同じもの？

血液にも、いろいろな男女差がある。

まずは、血液の量。体の大きさが関係するので、男性のほうが多いのは当然としても、男性の血液量は体重の約８％、女性は体重の約７％と、体重に対する比率からしてちがうのだ。

また、「血液比重」にもちがいがある。血液比重は、水の重さを一とした場合の、血液の重さのこと。日本人の血液比重は、男性が１・０５２～１・０６０、女性が１・０４９～１・０５６で、要するに、男性の血液のほうが、女性の血液よりも重いのだ。

この重さのちがいは、主として赤血球の数と、赤血球中のヘモグロビン濃度のちがいによって生じる。ヘモグロビンは、酸素の運搬係だから、血液量が多く、血液比重も大きい男性は、そのぶん各器官に多くの酸素が供給されるので、女性よりも激しい運動に耐えられるというわけだ。

怒ると、顔が真っ赤になるもの。なぜ頭に血がのぼる？

怒ると、顔が真っ赤になるもの。なぜだろうか？

一般に、人の感情は、主に大脳辺縁系

がつかさどっているが、怒りの場合は、視床下部や中脳、さらに脳幹にある「A6神経」と呼ばれる脳神経とも深く関わる。とくに、「A6神経」からは、カッとなると、怒りのホルモンといわれるノルアドレナリンが、大量に分泌される。

　脳内にノルアドレナリンが増えると、血圧が上昇し、脳内の血液の量が増える。つまり、このホルモンの作用で、頭に血が昇って、額の血管が浮き上がるのである。

鼻が詰まると、味がわからなくなるのは？

人が匂いを感じるのは、鼻腔の奥にある「嗅球」という器官。嗅球には3000～1万種類もの匂いをかぎ分ける能力があり、そこでキャッチされた匂いは、電気信号として大脳に伝えられ、「おいしそうな匂い」「まずそうな臭い」といったように判断される。そこで、「おいしそうな匂い」と脳が判断すると、脳は唾液の分泌を促すなど、各器官へ指示を送る。

　ところが、鼻が詰まっていると、嗅球まで匂いが届かないため、大脳への信号が送られず、脳からの指令も各器官へ伝わらない。そこで、ご馳走を前にしてもいっこうに食欲が湧かないという事態になるわけだ。

生理の血液が普通の血液よりも固まりにくいのは？

ケガをして血が出ると、しばらくするうちに血液は固まっていくもの。ところが、生理の血液は少しちがって、体外へ出てもなかなか固まらない。

生理とは、女性の子宮の内膜がはがれるときに起こる現象のこと。女性の子宮内膜は、排卵期に合わせて分厚くなるが、一定期間が過ぎても受精しないときには、分厚くなった子宮内膜は不要になり、体外に放出される。

そのとき、血液が一緒に流れ出すのだが、不要になった子宮内膜は、すべて体外に排出する必要がある。もし、血液が体外に出てすぐ固まると、膣内や膣口が血液でふさがれてしまい、子宮内膜を排出できなくなってしまう。

そうならないように、生理の血液は普通の血液よりも固まりにくくなっているのだ。

なぜ背骨は曲がっているのか？

人の体を横から見ると、背骨がわずかに曲がっている。

なぜ、背骨はS字型カーブを描いているのだろうか？

人間の体には、歩くたびに衝撃がかか

る。背骨はその衝撃を受け止め、和らげるため、S字カーブを描いている。もし、背骨がまったく曲がっていなければ、一歩歩くごとに、体全体に大きな負担がかかることになるだろう。

これは、段差から飛び降りて着地するとき、自然と膝が曲がるのと同じ仕組みといえる。

仮に、人の膝がまっすぐで曲がらないとすれば、足が受けた衝撃は内臓や頭（脳）を直撃してしまう。

しかし、実際には、膝は自然に曲がり、それがクッションとなって衝撃を受け止めるので、スムーズに着地できるのだ。

赤ちゃんの骨が成人よりも64本も多いのは？

大人の骨の数は通常２０６本。ところが、赤ちゃんの骨ははるかに多く、２７０本もある。

なぜ人は成長するにつれて、骨の数が減っていくのだろうか？

赤ちゃんの骨は、大人とちがい、小さく、やわらかくできている。成長するにつれて、骨は大きくなりながら、複数の骨が一つにまとまりはじめる。つまり、成長するにつれて骨はなくなるわけではなく、複数の骨が連結することによって、数が減っていくというわけだ。

ゲップのそもそもの原因は？

食べ過ぎたりすると、なぜゲップが出るのだろうか？

人は食事中、食べ物と一緒に空気も飲み込んでいる。飲み込んだ空気は、胃上部の胃底部に流れ込んでいく。そして、胃にたまった空気が一定量を超えると、胃はそれらを外へ押し出そうとし、胃の入り口である噴門が開く。すると、胃は空気を外へ出し、内部の減圧をはかるのだ。

なお、炭酸飲料を飲むと、満腹でなくてもゲップが出るのは、飲料水に含まれる二酸化炭素が胃にたまり、胃がそれを吐き出そうとするからである。

血液の流速はどのくらい？

血液は、ポンプ役の心臓によって全身に送られているが、その血液の流れる速度は、どれくらいだろうか？

結論からいうと、その速度は流れる場所によってちがう。まず、心臓近くの大動脈では速くなるし、大動脈から離れた毛細管に近づくと、速度は落ちていく。具体的には、大動脈で毎秒50㎝（時速18キロ）、毛細管で約0・5㎜程度。つまり、血液が流れる速さは、場所によって

1000倍もちがうのだ。

声のちがいはどうやって決まる?

人の声は、まさに人それぞれ。それらのちがいは何によって決まるのだろうか?

声は、喉仏の奥にある声帯が振動して出る音。まず、声の高さは、その声帯の振動数や緊張具合によって左右される。

一方、音色は共鳴腔の形によって決まる。共鳴腔は、声に共鳴を与える空洞のことで、咽頭や口腔、鼻腔からなる。

つまり、口の中や鼻の作りは生まれ持ったものなので、声の質もある程度、先天的な条件によって決まるところが多いといえる。

どうしてオシッコの近い人がいるの?

男女とも、膀胱のサイズに極端な個人差はなく、300～500mlほどの膀胱に200mlほど尿がたまると、尿意を感じるようにできている。それなのに、トイレが近い人がいるのには、何か理由があるのだろうか?

いくつかの理由があるが、第一に挙げられるのは、心因性による頻尿である。緊張などが原因でトイレが近くなる症状で、神経質な人や緊張しやすい人、集中力がない人に起きやすい。また、膀胱炎や前立腺肥大、糖尿病といった病気がひそんでいて、頻尿になるケースがある。

人間も冬になると毛深くなるか？

動物は、冬を迎えると、冬毛へと生え変わっていくが、人間も冬になると少しは毛深くなっているのだろうか？

動物の体には、体温を保持するため、冬毛を伸ばしてガードするという仕組みが備わっているが、人間の場合、長らく衣類を着て暮らしてきた。そのため、人体は進化の過程で体毛によって寒さから身を守るという機能を失い、寒くなっても毛深くなることはない。「冬は夏にくらべて、毛深くなる気がする」という人は、気のせいと考えていいだろう。

3月に「突然死」が増えるのは？

突然死の原因には、心筋梗塞、脳梗塞、くも膜下出血などがあるが、それらを引き起こす元凶は高血圧。過労やストレスに加え、急激な温度変化も高血圧を招く原因になる。3月は一年のうちでも温度変化の激しい時期。高血圧の心配がある人には、要注意の季節なのだ。

しかも、年度末の3月は、一年のなかでも忙しい時期。ストレスも疲れもたまってくる。そういう人を「突然死」が襲い、3月は突然亡くなる人が増える季節になる。

片方の視力が悪いと、もう一方の視力も落ちる?

左右の目に視力差があることを、医学的には「不同視」という。不同視になると、悪いほうの目をあまり使わなくなり、いいほうの目を酷使することになる。すると、悪いほうの目はしだいに機能が衰えていく。要するに、視力はいったん落ちはじめると、どんどん落ちていくことが多いのだ。

だが、片方の視力が落ちたとき、それが原因で、いい方の目の視力が落ちるということは少ない。

腸がサナダムシを消化してしまわないのは?

サナダムシは、人間の体にすみつく寄生虫。腸に寄生し、長いものになると3メートルにも達することがある。

しかし、人間の腸は食べたものを消化するはず。なぜサナダムシを消化してしまわないのだろうか? これは、腸の消化力がさほど強力ではないため。腸は、胃で分解した栄養分をさらに消化、分解する程度で、生きているサナダムシを分解するほどの力はないのだ。

女性が生理の前に眠くなるのは？

女性は、生理の一週間ほど前から、眠気を感じることが多くなる。それは「月経前症候群」の症状のひとつだ。

女性の排卵は、脳下垂体から分泌される卵胞刺激ホルモンが引き金となって、卵巣の中の卵胞が成熟し、卵胞ホルモンが分泌されることによって起きる。排卵後の卵胞は「黄体」に変化し、黄体ホルモンを分泌する。それによって、子宮内膜が厚くなり、受精卵を迎える準備が整う。だが、卵子が受精しないと、この子宮内膜は子宮壁から剥がれて、体外へ排出される。これが月経だ。

以上のようなサイクルのなか、生理前の一週間は、黄体ホルモンが活発に分泌され、体温が高く、心身ともに妊娠期と似た状態になっている時期。眠気の背景には、そうした女体のサイクルがあるわけだ。

虫歯があると、なぜダイエットに失敗する？

虫歯や歯周病は、ダイエットに失敗する原因になる。

虫歯や歯周病があると、食事のとき、十分に咀嚼できず、早食いになってしまう。すると、満腹感を得られずに、ついつい食べ過ぎる。虫歯や歯周病という歯のトラブルは、ダイエットの失敗を招くだけでなく、そもそも肥満の原因になっていることも多いのだ。

ラーメンを食べると、鼻水が出てくるのはどうして？

ラーメンを食べると鼻水が出る原因の一つは、ラーメンの湯気にある。湯気の熱によって鼻腔の血管が開き、それが鼻腔の粘膜を刺激する。そこへ、冷えた湯気が水滴となって付くと、それが鼻水となって外に出てくるのだ。

もう一つ、ラーメンに使われるコショウの影響もある。鼻腔は、コショウをはじめとした香辛料の刺激臭に反応しやすい。コショウの臭いに誘発されて、鼻水がより出やすくなるのだ。

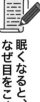

眠くなると、なぜ目をこすってしまう？

眠くなったとき、つい目をこすってしまうのは、眠気をごまかそうとする意識の表れといえる。

眠気の原因は脳の疲れ。脳が疲れると、体の各所に影響が生じ、目の周辺では涙の分泌が減ってくる。涙の分泌が少なくなれば、目の表面が乾き、しょぼしょぼしてくる。そのしょぼしょぼした状態を振り払おうとして人は目をこするのだ。つまりは、人は無意識のうちに、目をこすることによって眠気をなんとかしようとしているといえる。

赤ちゃんの離乳食に赤身魚を使えないのは？

赤ちゃんは生後4、5カ月ごろから離乳食を食べはじめるが、しばらくの間は赤身魚を与えてはいけない。

赤身魚は白身魚に比べ、脂質の含有量がひじょうに高い。脂質は糖質やタンパク質に比べて消化・吸収に時間がかかるので、消化器系がまだ未成熟な赤ちゃんには刺激が強すぎるのだ。

また、赤身魚はヒスチジンというアミノ酸を含んでいるが、それが分解されると、アレルギー様食中毒の原因物質ヒスタミンになる。抵抗力の弱い赤ちゃんには危険なので、その点からも赤身魚は避けたほうがいい。

緊張すると「頭が真っ白」になるのは？

「緊張で頭が真っ白になった」ときには、人間の体でどんなことが起きているのだろうか？

人間が緊張するのは、生存するために備えた能力のひとつといえる。たとえば、敵と出会ったときには、戦う準備を一瞬のうちに行うため、緊張状態になることが必要なのだ。

そうしたなか、脳内では、記憶をつかさどる「海馬」に緊張が伝り、過去に失敗した記憶がよみがえって不安が増幅される場合がある。すると、前頭前野の働きが鈍り、自分の置かれた状況さえよくわからなくなり、「頭が真っ白」という状態になることがあるのだ。

酔っぱらうと、しゃっくりが出やすくなるのは？

そもそも、しゃっくりは、胎児が母体の中で肺呼吸の訓練として、無意識に行っている反射運動のひとつ。胎児が羊水中を漂っているさい、ゴミが鼻などに詰まると、不要なものが肺に入らないよう、横隔膜がけいれんを起こす。その一連の反射運動として、しゃっくりが起きるのだ。

しかし、その反射運動は、生まれてしまえば必要なくなる。そのため、成長するうちにしゃっくりをおさえる神経物質が分泌され、しゃっくりの回数は減っていく。

ところが、酒に酔うと、アルコールの作用によって、神経物質の分泌が妨げられる。

すると、胎児時代に戻って、しゃっくりが出やすくなるというわけである。

イヤな記憶ほど、忘れないのはなぜ？

楽しい記憶よりも、嫌な記憶のほうが、強く記憶に残るのは、どうしてだろうか？

これは、脳内で起きる次のようなメカニズムによる。脳に情報がインプットされると、ニューロンがシナプスで結ばれ、脳内に新たな神経回路が生まれる。その回路が「固定」されると、記憶となって海馬などに蓄積されるのだが、嫌な経験や恐怖体験が記憶されやすいのは、脳がその出来事を何度も反復することによる。

その反復作業によって記憶が固定化され、嫌な記憶ほど忘れられなくなってしまうのだ。

極寒の南極で風邪をひきにくいのは？

南極では、風邪をひくことはほとんどない。極寒の南極には、風邪ウイルスがほとんどいないからである。

日本など温帯地域で、寒い時期ほど風邪をひきやすくなるのは、寒さでのどが乾燥して、風邪ウイルスが体内に侵入しやすくなることなどが原因。しかし、南極のように、風邪ウイルスがいなければ、寒くても風邪をひくことはないのだ。

ノロウイルスの「ノロ」ってどういう意味？

近年、よく耳にする「ノロウイルス」。感染すると嘔吐や下痢をくりかえし、脱水症状を起こす感染症だ。ノロウイルスは、感染者の便や嘔吐物に大量に含まれるほか、空気中に舞っていても感染力を失わず、ウイルスをわずか数十個吸い込むだけで、感染してしまう。では、なぜこのウイルスを「ノロ」と呼ぶのだろうか？

この「ノロ」は初めてウイルスが発見された町の名にちなんでいる。同ウィルスが発見されたのは1968年のこと。アメリカ、オハイオ州ノーウォーク（Norwalk）という町で集団感染が起きた。その際、患者の便から見つかったウイルスを、町名から「ノーウォーク」と呼ぶことになり、その後、2002年の国際ウイルス学会で、ノーウォークの頭3文字「Nor」に、連結辞の「o」、「virus」をつけてノロウイルスとなった。

女性の頭蓋骨が男性のものよりころがりやすいのは？

人間の頭蓋骨は、ひとつの骨ではなく、小さな骨が寄木細工のように組み合わさってできている。具体的には、15

種、23個の骨で構成され、それらを総称して頭蓋骨と呼んでいる。

その頭蓋骨、男性と女性では形にかなりのちがいがある。たとえば、眼窩（眼球をおさめるくぼみ）は男性のほうが大きい。また、男性は眉から額にかけてのカーブが急だが、女性はなだらかだ。

そうしたちがいの結果、頭蓋骨を平らな場所に置いてみたとき、男性の頭蓋骨はすわりがよいが、女性の頭蓋骨はすわりが悪く、転がりそうになってしまう。

干した布団から「太陽の匂い」がするのは？

よく晴れた日に布団を干すと、「太陽の匂い」がするもの。あの心地よい匂いの正体は、何なのだろうか？

あの匂いは、太陽光線と綿が作りだす香りといえる。太陽光に含まれている紫外線が布団綿に当たると、綿に含まれているセルロースがアルデヒドや脂肪酸、アルコールといった物質に分解される。そのうちアルデヒドを中心に、脂肪酸やアルコールの匂い、さらには汗や体臭なども複雑に混じり合って、太陽の匂いとなるのである。

その太陽の匂いには、脳をリラックスさせる働きがあることがわかっている。だから、よく干した布団に寝転ぶと、しぜんにリラックスでき、ぐっすり眠れるというわけだ。

湿布は皮膚に貼るだけなのに、どうして効くのか？

湿布薬などの貼り薬は、なぜ貼るだけで効果が得られるのだろうか？

肩こりや腰痛が生じたとき、患部では痛みの原因物質「プロスタグランジン」が生成されている。この物質による刺激が脳に伝わって、「こっている」「痛い」などの感覚が生じることになる。

湿布薬には、このプロスタグランジンの生成を抑制する働きがある。患部に貼ると、薬の有効成分が毛穴や汗腺から吸収され、痛みを和らげるという仕組みだ。

点滴から得られるカロリー量はどれくらい？

入院中、食事できない状態のときに、点滴で栄養補給を受けることがある。では、点滴にはどれくらいの〝カロリー〟があるのだろうか？

たとえば、ポピュラーなブドウ糖を7％含んだ500㏄の点滴の場合、ブドウ糖1グラムの熱量は約4㎉なので、点滴1本＝140㎉という計算になる。

ご飯1膳のカロリは270㎉だから、この点滴1本はご飯半膳分くらいのカロリー量ということになる。

また、点滴は水分補給処置としては優

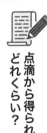

秀な方法だが、含まれているのはほとんどが水分なので、たんぱく質や脂質などをバランスよく摂ることはできない。

薬を飲むときの水の量はどれくらいが適量？

薬は水と一緒に飲むものだが、その際、水の量はどれくらいが適当なのだろうか？

これは、コップ1杯程度が目安といわれる。まず、高齢者や子供の場合、水量が少ないと、錠剤がのどに引っかかって事故につながる危険もある。また、水はカプセルや錠剤を飲みやすくするだけでなく、薬を溶けやすくして腸からの吸収を高める役割を担っている。だから、水なしでも飲み込めるような小さな錠剤でも、唾液だけで飲み込むのはおすすめできない。

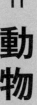

11 動物

キリンを輸入するとき、飛行機に乗せられるのか？

　キリンも、他の動物と同様、飛行機に乗せられて、日本に運ばれる。ただし、キリンの首の長さは約2メートルにもなるので、キリンの首を立たせたままの状態では、輸送機に乗せられない。そこで、動物商たちは、キリンの長い首を曲げさせた状態で檻の中に入れ、その姿勢で日本まで運ぶのだ。

　キリンにとっては大変な姿勢で運ばれるようだが、案外そうでもないという。野生のキリンは、ふだんは立ったまま眠るが、ときには熟睡するため、座って眠ることもある。そのとき、キリンは首をアーチ型に曲げ、頭を後肢に乗せて眠る。というように、首を丸めるのは、キリンにとってさほど苦しい姿勢ではないようだ。

エアコンを切ると、ゴキブリがよく飛ぶのは？

熱帯夜などに、エアコンを止めたままにしていると、ゴキブリが部屋の中を飛ぶ回数が増えることになる。

これは、室内温度が上がると、ゴキブリがふだん以上に活発に動きはじめるためだ。ゴキブリの活動は、最高気温30℃以上、最低気温25℃以上の日に活発になる。そして、ゴキブリが最も飛びやすくなるのは、温度30℃以上、湿度が60％以上のときだ。

エアコンをかけていれば、室内がそこまで高温になることはないだろうが、エアコンを止め、室内が高温多湿化すると、ゴキブリの飛ぶ姿を目にする機会が増えることになるというわけだ。

柴犬が散歩中、他の犬を攻撃してしまうのは？

柴犬は、日本犬と呼ばれる日本固有犬種のうち、最も古くから存在するとみられる犬。もともとは、本州や四国の山岳地帯で、ウサギや鳥を狩る猟犬として用いられていた。

　性格は、飼い主によくなつくが、初対面の相手にはなかなか打ち解けない警戒心を秘めている。負けん気も強く、散歩中にほかの犬とすれ違ったりしたときは、敵意をむき出しにしてうなったり、攻撃をしかけることも少なくない。家庭のペットにおさまってからも、猟犬時代の荒っぽい気性をその小さい体に秘めているのだ。

コリーが迷子になりやすいのは？

コリーは迷子になりやすい犬。いったん鎖を離すと、駆けだして行ってしまい、戻ってこないことがしばしばある。

　コリーは、かつてはスコットランドのハイランド地方で、羊の群を誘導する仕事をしていた犬。広大な牧場で暮らしていた行動範囲のひじょうに広い犬種なのである。

　また、人なつこい性格なので、遠くまで出かけた先で誰かに声をかけられると、ついていってしまうこともあるようだ。

　その人が迷い犬だと思って飼いはじめると、元の飼い主のもとには戻らなくなるというわけだ。

犬はなぜ風呂を嫌うのか？

犬の風呂嫌いには、犬なりの理由がある。

いちばんの理由は、お湯をかけられると、自分の臭いが消えてしまうことがある。犬同士は臭いによって互いを識別をしている。犬は風呂に入れられて、その臭いが消えてしまうのが嫌なのだ。

ましてシャンプーをされると、自分の望まない香りが体につくことになる。犬にとっては、このうえなく不快であり、風呂あがりに床に体をこすりつけて、シャンプーの香りを取り除こうとすることになる。

犬はなぜガラクタを集めてくる？

犬小屋を掃除すると、ボールや子供用玩具などが出てくることもある。このように、犬がガラクタを集めるのは、食べ残しを埋める習性と関連する。犬には、食べ残しを埋めて保存し、後で食べるという習性があるが、それと同じ感覚でガラクタを集め、隠しているのだ。

また、飼い主に遊んでもらおうと、わざとガラクタを集める犬もいる。飼い主はガラクタを拾っている犬を見かけると、追いかけてきてガラクタを奪おうとする。犬にとってはその追いかけっこが楽しいので、また飼い主に遊んでもらおうと、ガラクタを集めてくるのだ。

犬はなぜボール遊びが大好き？

犬はボール遊びが大好きだが、それにはいくつかの理由がある。

第一は、犬にはかつて猟犬が多かったこと。野生時代の犬は狩りをしていたし、人間に飼われるようになってからも狩猟犬として働いてきた。その習性が今も残り、獲物を追いかけるように、ボールを追いかけるのだ。

さらに、ボール遊びには思いっきり走れる楽しさがある。ふだんはリードをつけられて歩くだけの犬も、ボール遊びでは全力で走ることができる。それが楽しいのだ。

猫はなぜ日なたぼっこが好き？

猫にとって、ひなたぼっこは健康を守るための大事な行動。まず、猫は、体を日光にさらすことで、皮膚や毛についた細菌を殺菌・消毒しているのである。

また、体が濡れたとき、そのままにしておくと、皮膚病にかかる危険性が高くなる。そこで猫は日光浴をして毛を乾かすのだ。

さらに、人間は、日光を浴びて体内でビタミンDを合成しているが、それは猫も同じこと。というわけで、猫の健康には、日なたぼっこが欠かせない。

猫が頭を大きく振りながら、ものを食べるのは？

猫は、魚の切り身など、比較的大きなものを食べるときには、妙な動きをする。そのままモグモグ食べるのではなく、食べ物を口に入れると、ハグッハグッと音をたてながら、頭を大きく振るのだ。

そのしぐさは、仕留めた獲物を食べるときの行為の名残。猫は獲物を仕留めると、肉の塊を食べられるサイズに噛みちぎる。そうして、ほかの体の部分を振り落とし、口に残った分をゴクリと呑み込むのだ。魚の切り身はすでに切ってあるのだから、振り落とす必要はないのだが、そこが猫の本能。大げさに頭を振って食べはじめるのだ。

ボス猫はどうやって決まる？

猫は単独行動が本来の姿ではあるが、人と共存するようになってからは、互いに近くに住む猫は一定の秩序の中で暮らすようになっている。そこに現れたのが、地域のボス猫である。互いの関係に優劣がまったくないと、ねぐらや狩り場をめぐって、頻繁にケンカが起きてしまう。そこで、猫社会にも順位が生じ、ボスを中心としたコミュニティが形成されるようになったのである。

ボス猫には、なわばりのなかで一番ケンカが強い猫が選ばれる。具体的には、去勢されていない体の大きなオスがボスになる。

動物の卵が卵型をしているのは？

動物の卵がいわゆる卵型なのは、そのほうが真ん丸であるよりも、数多くの利点があるためだ。

まず、卵型のほうが安全性が高い。真ん丸だと巣から落ちたとき、遠くまでころがっていってしまうが、卵型ならその場でグルグルと回るだけなので、親がもとに戻しやすい。

また、卵を巣の中に並べたとき、真ん丸だとかなりの隙間ができるが、卵型だと向きを変えて調整できるので、より多くの卵を収納できる。卵形のほうがムダになるスペースが少なくなるというわけだ。

野良猫の〝社会〟はどんな構造？

野良猫社会は、ボスを中心として、複

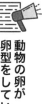

数のオス猫、複数のメス猫が集まってひとつのグループを形成している。

犬の社会では、上下関係が細かく決まっていて、その優劣は絶対的なものだが、猫の場合、最高位のボス以外にはほとんど順位はなく、基本的にはみんな対等だ。

順位があっても、ボス以外の優劣は流動的で、時と場合によって立場が変わり、一定しない。

もともと単独行動を好む猫にとっては、ほかの猫と出くわすことすらストレスになるし、争いごとも好まない。そのため、状況に応じて立場を変え、うまくやり過ごそうとしているというわけだ。

水牛がいつも水に浸かっているのは？

水牛のうち、インド水牛は一日中、水に浸かっている。インド水牛は、他の牛とちがって体にほとんど毛が生えていない。そのため、暑い日差しを浴びると、体温が上がってしまう。それを冷やすために、水に浸かっているのだ。

水牛が体に泥を塗りたくるのも、泥を日除け代わりに体温を上げないためだ。

ニワトリは卵を温めるとき、誤って割ってしまわないのか？

ニワトリの親鳥は、卵を抱いていると

き、自分の体で卵を押しつぶしたりはしないのだろうか？

　結論からいうと、そんな失敗はありえない。

　ニワトリは、卵の上にじかに座っているわけではなく、体重を脚で支えて中腰のような姿勢で卵を温めている。卵の上に乗っているわけではないのだ。

カラスの死骸を見かけないのはどうして？

　都会には、かなりの数のカラスが棲んでいるが、その死骸を見ることはまずない。

　研究者によると、カラスは人目につくようなところでは死なないという。カラスが死ぬのは、ねぐらの周辺で、そのほとんどは森の奥深くにある。

　もっとも、都会では、公園や神社をねぐらにしているケースが多いので、公園の隅や神社の境内で死んでいることがよくあるという。

　ただ、都会では、清掃係の人がすぐに片づけるので、一般人が死骸を見ることは少ないというわけ。

動物によってオッパイの数がちがうのは？

　人間のオッパイは、左右一つずつだが、他の動物は数がまちまちである。たとえば、犬は4〜5対、猫は3〜4対の乳首が並んでいる。これら動物の乳首の数は一度に生まれる子供の数によって決まってくる。

犬や猫は、一度に産む子供の数が多く、母親は横になって授乳する。そのため、下腹部から胸にかけてズラリとオッパイが並んでいると、子供は並んで母乳を吸える。

一方、大型草食動物は一度に一頭しか産まない。だから、オッパイの数は一対か二対であり、立ったまま授乳するので乳首は下腹部についている。下腹部についていれば、母親は授乳中に草を食べることもできるというわけだ。

ハチミツ一瓶つくるのに、必要なミツバチの数は？

1匹のミツバチがその短い生涯で集める蜜の量は、5グラム程度。では、ミツバチが100匹いれば、ハチミツ一瓶（500グラム）のハチミツを集めることができるかというと、そうはならない。

ミツバチが花から集めてきた蜜は、巣で貯蔵されている間に4倍ほどに濃縮される。

100匹のミツバチが500グラムの蜜を持ち帰っても、最終的には125グラムにしかならないのだ。

だからハチミツ一瓶分である500グ

ラムを集めるには、400匹のミツバチが必要ということになる。

日本でも盲導犬に命令するとき、英語を使うのは？

日本の盲導犬も、日本語ではなく、英語で命令されるように訓練されている。これは、方言や男性言葉、女性言葉など、アクセントや言い回しが微妙にちがう日本語で命令して混乱が生じるのを避けるためである。

盲導犬は、訓練する人と利用する人がちがう。そのため、標準語で訓練しても、利用者が方言を話せば、通じないこともありうる。そこで、混乱を避けるため、英語による命令に統一されているのである。ただし、覚えなければならない英単語は20語ほど。会話するわけではないので、英語が苦手な人でもすぐに覚えられる。

左目がきれいなタイは値が高いのは？

天然のマダイは、左目がきれいなもののほうが、値段が張る。

高級魚のタイは切り身にされず、尾頭付きのまま塩焼きにされることが多いため、頭や尻尾までが欠けることなく残っていなければならない。

さらに、タイを皿に盛るときには、頭

が左にくるように置くという盛りつけのルールがある。すると、皿の上で表になるのは左目がある側となり、左目がきれいであることが求められるのだ。というわけで、左目がきれいなタイの値段がアップするというわけである。

タコがタコ壺の中にはいりたがるのは？

タコ壺漁は、素焼きの壺を海底に沈め、1～2日放っておいてから引き上げると、壺の中に生きたタコがはいっているという漁法。

このタコ壺漁は、タコの習性を利用した漁といえる。タコは天敵のウツボや大ダイから身を隠すため、岩場の隙間などに潜んでいる。そういうタコにとって、人間が沈めたタコ壺は恰好の隠れ場となり、タコはすすんで入ってくるのだ。

とくに、砂場に仕掛けられたタコ壺は、タコにとって願ってもない逃げ場のようにみえる。タコにとって、砂場はエサ場なのだが、敵に見つかったときは砂場に隠れる場所はない。そこにタコ壺が仕掛けてあれば、タコは絶好の逃げ場としてはいりこんでしまうのだ。

トビウオはなぜ飛ぶのか？

トビウオは空を飛ぶため、体をギリギ

リのところまでシェイプアップしている。

　脂肪分は少なく、胃もなく、消化管は極端に短かい。

　そうまでして、トビウオが空を飛ぶ理由は、外敵から身を守るため。

　トビウオは海面近くを泳ぐ「表層魚」であるため、大型の回遊魚に捕食されやすい。

　そこでトビウオはマグロなどに追いかけられたとき、胸ビレを広げて飛び上がって逃げ出すのだ。

イカの10本の腕のうち、2本だけ特大なのは？

イカの腕は全部で10本あるが、よく見ると、そのうちの2本は少し長くなっている。

　なぜ、2本は別の作りになっているのだろうか？

　イカは8本の腕を外に出し、残りの2本をその中に隠して生活している。そして、獲物を見つけると、隠していた2本の腕を突き出して、挟むようにして獲物を捕獲する。

　それこそが、伸縮自在で収納可能な、〝触腕〟と呼ばれているイカの2本の腕である。

　イカにとって、触腕は獲物をとらえる特別な腕なので、ほかの8本の腕より大きな作りになっているのだ。

水族館のサメが他の魚を襲わないのは？

水族館の巨大水槽では、サメと、小さなイワシやアジが同居している。本物の海なら小魚はサメに食べられてしまうはずだが、水族館のサメは他の魚を襲わない。なぜだろうか？

理由は単純で、水族館のサメは飢えていないから。エサを与えられているので、他の魚を襲う必要がないのだ。魚だけでなく、肉食動物は狩りに大変なエネルギーを使っている。サメも苦労せずにエサがもらえる環境なら、わざわざ面倒な狩りなどしないのである。

シラス、シラウオ、シロウオは同じ魚か？

シラスとシラウオとシロウオは、ちがう魚。

ひとつひとつ見ていくと、シラスはカタクチイワシやマイワシ、ウルメイワシなどの稚魚の総称。シラス干しは、これらの稚魚をさっと湯通しして干したものだ。

シラウオはニシン目シラウオ科の魚。サケやマスの親戚だ。

「踊り食い」で知られるシロウオは、スズキ目ハゼ科の魚。ハゼの親戚で、シラウオとはまったく別種の魚である。

サケの鼻はなぜ曲がっているのか？

サケのうち、鼻が曲がっているのはオスだけ。それも産卵期が近づいたときだけの現象である。

サケは川で生まれ、海へ泳ぎ出て3～4年で成魚となり、ふたたび川を遡上して産卵をする。サケにとって産卵は一生に一度で、産卵を終えると、オスもメスも死んでしまう。そのため、サケの体は川を遡上する2か月ほど前から、臨戦態勢に入る。体つきが変わり、オスは鼻先が伸びて曲がり始めるのだ。

それは、他のオスと戦うため。メスを確保するため、他のオスがちょっかいを出してきたときには、鋭く曲がった鼻を武器にして戦うのである。

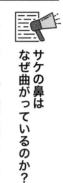

魚は体の色をどうやって変えるのか？

魚には、昼と夜とでは、色が異なる種類がいて、一般的に昼より夜のほうが色が薄くなる。むろん、環境色に溶け込み、天敵から身を守るためだ。では、魚はどうやって体の色を変えているのだろうか？

魚の体色の変化は、黒、赤、黄、青、白の5色素と、光を反射する虹色の細胞の働きによるもの。魚の眼に光が差し込むと、その刺激をキャッチした色素細胞が拡張・収縮する。これによって、体の色が変わるのである。

名前に「トラ」がつく魚種が多いのは？

トラフグ、トラギス、トラハゼ、トラザメ——など、魚には名前に「トラ」がつくものが少なくない。それらの魚の姿には、ひとつの共通点がある。縞模様が入っていることである。

「トラ」は縞模様の代名詞のようになっているので、縞模様をもつ魚には「トラ」とネーミングされているというわけだ。

成長すると、いったん縮む魚とは？

アナゴは、成長する過程で、いったん体が小さくなる珍しい魚である。

アナゴは、春から夏にかけて南洋で産卵し、卵は約3日で孵化。その稚魚が暖流に乗って北上し、日本沿岸にやってくる。日本沿岸にたどりついた稚魚は、やがて小アナゴに変態するが、体が縮むのは、そのとき。体長11センチ前後にまで成長した後、いったん7センチ前後まで縮むのだ。

それから、アナゴらしい姿になり、再び成長していくのである。

貝殻に縞模様があるのは？

貝の実の部分は薄い膜で包まれているが、その薄膜からにじみ出した成分が硬質化したものが貝殻になる。そのにじみ出した成分は、貝殻の先端部分に継ぎ足されていくが、その際、水温など周囲の環境によって、硬質化する速度や色が異なってくる。それが、縞模様となって現れるのだ。

木の年輪のように1年に一つ増えるというほど厳密ではないが、それでも縞模様を見ると、その貝のだいたいの年齢を知ることができる。

市販のホタルイカはなぜメスばかり？

ホタルイカのうち、店頭に並んでいるものは、その大半がメスである。なぜ、ホタルイカはメスばかりが出回るのだろうか？

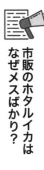

その答えは、ホタルイカの交尾と産卵に関係している。ホタルイカは、2～3月頃に交尾し、4～5月頃に産卵するが、そのとき、メスの群れだけが沖合の深場から沿岸に向かって浮き上がってくるという性質がある。

漁師は、そのときを待ち構えていて、定置網によって一網打尽にする。だから、店頭に並ぶホタルイカは、自然とメスばかりになってしまうのだ。オスが混じっている確率は1000分の1程度だ。

イカの吸盤とタコの吸盤は同じ？

イカとタコの吸盤には大きなちがいがある。構造が異なり、たとえば死んだタコの吸盤に指を近づけてもくっつかないが、イカの場合はたとえ死んでいても、指を近づけると吸い付いてくる。

これは、イカの吸盤には歯の生えたリングがあるから。イカの吸盤の内側には角質リングとよばれるザラザラがついている。だから、筋肉を動かさなくても、物をひっかけることができるのだ。

一方、タコは、筋肉の動きで吸盤の中を真空にし、ものを吸い寄せるので、死んでしまうと、吸盤を動かせなくなるので、ものを吸い付けられなくなるのだ。

カニのハサミは本当に切れるのか？

カニは二つのハサミで、餌をはさんだり、敵を威嚇したりするわけだが、人間が使うハサミのように、ものを切ることはできるのだろうか？

カニのハサミは、道具のハサミのようには切れない。カニのハサミでできるのは、切るというよりも、ちぎることだ。

ただし、サンゴガニという小さなカニのハサミの切れ味は抜群。カミソリの刃ようになっていて、道具のハサミ並の切れ味を誇る。

ウミヘビはヘビ？それとも魚？

ウミヘビには、ヘビの仲間と魚の仲間の2種類がいる。エラブウミヘビのような爬虫類に属するウミヘビもいれば、ダイナンウミヘビのように魚類に属するウミヘビもいるのだ。では、爬虫類か魚類かは、どこを見れば見分けられるのだろうか？

大きなちがいは、うろこがあるかないか。爬虫類のウミヘビは、全身がうろこに覆われていて、尾びれも胸びれもない。

一方、魚類のウミヘビは、うろこがなく、背びれと胸びれをもっている。また、爬虫類のウミヘビとはちがって、頭が大きいので、その点をみても魚類に属していることがわかる。

江戸時代、ニジマスはいなかったって本当？

ニジマスは、明治初期、食用目的に、日本に卵が持ち込まれた。江戸時代までの日本には、ニジマスはいなかったのである。

ニジマスはサケ科の魚で、原産は北米

の五大湖。その卵を持ち込んだのは、内務省水産係の関沢明清という人物。彼はアメリカで養殖を学び、持ち帰った卵を四谷の自宅で孵化させ、繁殖を成功させた。それが各地に広まってきたのである。

ヤマメとサクラマスは同じ魚って本当？

ヤマメは一生を淡水で過ごす川魚。成魚の体長は30センチ、体重は３００グラム程度のスリムな魚だ。一方、サクラマスの体長はヤマメの倍以上にもなり、大きなものでは体長70センチ、体重は４キロを超える。

この2種類の魚、サイズがまったくくちがうが、もとはまったく同じ魚だ。ヤマメには、海へ下っていくものもいる。海へ入ったヤマメは、体が銀色になり、やがて小判型の斑点も消えてしまう。そうして成長したものがサクラマスで、成魚になると生まれ故郷の川へ戻ってくるのだ。

水族館でマグロにあまり餌を与えないのは？

養殖マグロは、一日に体重の20％程度のエサを与えられているが、水族館のマグロは、体重の４％のエサしか与えられていない。

むろん、食事量のちがいは、食用にな

るかどうかの差。養殖マグロはトロの部分を増やし、短期間のうちに育てて出荷するため、エサをふんだんに与えるが、水族館では長く展示するために、エサを少量におさえてゆっくりと育てるのである。

電気ウナギの水槽の掃除法は？

電気ウナギの放電力は、８００ボルトを超える。水族館のなかには、電気ウナギを飼っているところもあるが、その世話は命がけのように思える。水は電気を通すので、水槽に手を入れると、感電してしまいそうだ。

ところが、電気ウナギの世話は、コツを知れば、さほど危険な作業ではないという。たとえば、水槽を掃除するときには、掃除する前に電気ウナギを驚かせ、放電させてしまうのだ。すると、電気ウナギは〝充電〟するまでに時間がかかるので、その間の放電量は少なくなり、危険ではなくなる。その間に、掃除をすませてしまうというわけだ。

アリがサクラの木によく登るのは？

サクラの木にはアリがよく登ってくるが、花が咲く季節以外でも、アリが登ってくるのは、サクラの葉の蜜に誘われてのこと。サクラの葉の付け根の葉柄には蜜腺があり、アリはその蜜を得ようとして登ってくるのだ。

サクラがそんな蜜腺を持つのは、毛虫対策のためである。サクラの木には毛虫がつきやすいので、無防備なままだと、サクラは毛虫に葉をどんどん食べられてしまう。そこで、毛虫が苦手とするアリを呼び寄せているのだ。

水族館でスルメイカを飼えないわけは?

外洋性で大回遊するスルメイカは、狭い水族館の水槽では飼えないというのが、業界の常識になっている。同じように大回遊するブリやマグロは、水槽を流水型にしておけば、水槽の中でその流れに沿って回遊してくれる。ところが、スルメイカは前後左右に方向転換。水槽の壁に体をぶつけて死んでしまうのだ。

そもそも、イカ類は、スルメイカだけでなく、飼いにくい生物。傷つきやすく、堅いものにちょっとぶつかっただけで傷つき、それが原因で死んでしまう。また、共食いもするので、それで数が減ってしまうということもある。

酒に強い動物、弱い動物っている?

人間同様、哺乳類は酒を飲むと、おお

むね酔っ払う。

酒に対する強弱は体の大きさで決まり、ゾウのような体の大きい動物ほど酒に強く、ネズミのように体の小さい動物ほど、酒に弱い。

なお、サルはもともと顔が赤いが、他の点は人間と同様で、酔うと息が荒くなり、千鳥足にもなる。

人間も含めた動物が酔っ払うのは、アルコールが血中へ入り、脳に達した後、大脳皮質を麻酔していくことによる。

小動物は血流が速く、アルコールが脳まで届きやすいので酔いやすく、大型動物は脳へ達するのが遅くなるので、酔いが現れにくくなる。

セキセイインコの「セキセイ」ってどういう意味？

セキセイインコの「セキセイ」は漢字では「背黄青」と書く。

セキセイインコの背中は黄色で、尾は青くなっている。その配色をそのまま呼び名にして「セキセイインコ」と名づけられたのである。

なお、セキセイインコは、オーストラリア原産。

野生では乾燥地帯に住み、雨を求めて大群で移動、草が十分に生えている地域を見つけると、繁殖活動をスタートさせる。

コンクリートで固めると、クラゲが増えるのは？

近年、クラゲの異常発生が目立っている。その原因は、地球温暖化や海の富栄養化などが指摘されているが、いちばんの原因は人工護岸が増加したことにあるとみられる。

クラゲの幼生は、岩などに吸着し、そこで細胞分裂を繰り返して成体になるのだが、従来は岩場にたどり着く前に、ほとんどのポリプが死んでいた。ところが、海岸がコンクリートで固められたため、幼生は吸着できる場所が増えたのだ。幼生の生存率が高くなって、成体数が増え、それが異常発生につながっているのだ。

朝が苦手という鳥もいる？

鳥類は、夜明けとともに鳴きはじめるというイメージがあるが、そんな鳥のなかにも、朝が苦手な鳥がいる。身近なところでは、スズメである。

夜明けとともに鳴きだす鳥のなかに、スズメは含まれていない。スズメは、夕方の明るいうちから寝床の木に入るくせに、寝床から出てくるのは、すっかり夜が明けてからである。スズメは早寝のくせに遅起き、睡眠をたっぷりとるタイプなのである。

牙をもたないゾウが増えているのは？

近年、アフリカゾウに牙をもたないゾウが増えている。もともと、アフリカゾウには牙のないゾウがいたが、その数は全体の2〜3％にすぎなかった。

ところが、人間によるゾウ狩りが自然の摂理を一変させる。象牙を目的にゾウ狩りが行われ、ピークの1900年前後には、毎年6〜7万頭のゾウが殺されていた。その後も1970年代まで大規模なゾウ狩りがつづき、その間、狩りの対象となったのは、むろん牙の大きなゾウ。

その結果、牙をもつゾウの割合は70％にまで減り、牙のないゾウの割合が30％にまで増えたのだ。

ちがう犬種でも輸血は可能か？

犬の血液型は9種類あり、輸血するときは、人間と同様、血液型の合う血液でないと使えない。ところが、犬種はまったく関係がなく、大型犬の血液を小型犬に輸血することも可能だ。

ただし、不注意に輸血すると、感染症が伝染したり、輸血による副作用が生じることもあるので、相当な必要性がない限り、輸血は慎重に行ったほうがいいのは、人間の場合と変わらない。

コリーとシェットランド・シープドッグの関係は？

シェットランド・シープドッグ（シェルティー）は、姿形はコリーとそっくりで、サイズを二回りほど小さくしたような犬。「小さなコリー」とも呼ばれる。

シェルティーは、コリーとスコットランド近くのシェットランド諸島の小型犬と掛け合わせて生まれた犬である。シェットランド諸島で羊飼い用に用いられていた小型犬と、コリーとの異種交配が行われ、いまのシェルティーが誕生した。

日本では、大型犬のコリーを飼える家庭が少ないので、その〝ミニチュア版〟としてシェルティが広く飼われている。

ダチョウなどの走鳥類が南半球にだけいるのは？

ダチョウ、エミューといった走鳥類は、南半球にしか棲息していない。ダチョウは南アフリカ、エミューはオーストラリアに棲む鳥だ。

走鳥類が南半球だけに棲むようになったのは、南半球には、強大な肉食獣が少なかったからと推定されている。鳥は空を飛んで身を守る必要がなかったというわけだ。

6000万年前あたりから、哺乳類と鳥類の時代を迎えるが、北半球には大陸部分が多いので、草食獣や肉食獣が繁栄。一方、海域の多い南半球では、大陸や島々の間を飛んで渡れる鳥類が増えていった。やがて、鳥類の一部は陸上にもどり、南半球を走り回るようになったと推定されている。

ゴリラのお腹がポコンと出ているのは？

ゴリラは、お腹の部分が丸く、ポコンと突き出している。それは贅肉がついているからではなく、ゴリラが長い腸をもっているからだ。

ゴリラは基本的に草食の動物。植物には繊維質が多いので、それを消化するため、ゴリラは長い腸をもっている。そのゴリラの腸にはバクテリアがすんでいて、食物を発酵させて消化を手伝っている。その発酵の過程でガスが発生するため、ゴリラのお腹は、つねにガスが溜まっている状態になっている。それが、長い腸とあいまって、お腹がポコンと突き出る原因になっている。

すべての犬種をかけあわせると、どんな犬ができる？

犬にはいろいろな犬種があるが、すべての犬種をかけあわせていくと、どうなるだろうか？

専門家の予想では、おそらくよくいる雑種犬のような、平凡な犬になるという。体重は10キロ前後、毛の色は茶色、立ち耳で巻き尾の犬になる可能性が高いそうだ。

アイガモ農法でお役御免になったアイガモのその後は？

「アイガモ農法」は無農薬農法のひとつ。アイガモのヒナを田植え後の田に放し、害虫や雑草を食べさせる農法だ。アイガモが害虫などを食べれば、農薬を使わずにすむというわけだ。

やがて稲が育つと、アイガモはお役御免になるが、その後、アイガモはどうなるのだろうか？　結局、アイガモは業者に引き取られ、鴨肉として食べられることになる。

ヘビの毒を吸い出した人は毒にやられない？

毒ヘビに噛まれたときの応急処置法のひとつは、傷口に口を当てて何度も毒を吸い出すこと。そのとき、口で毒を吸い出しても大丈夫なのだろうか？

ヘビの毒には「神経毒」と「出血毒」の2種類があり、いずれも体のどこかを噛まれると、毒の分子が血管を通じて直接体内に入ってきて、生命が危険にさらされる。ただ、毒を吸い出して口から体内に入る場合は、胃酸がタンパク質を凝固分解してくれるので、噛まれたときよりは、危険性ははるかに小さくなるのだ。

ただし、そうはいっても、虫歯や口内の小さな傷から毒が体内に入り込む可能性はゼロではないので、毒を吸い出したときはすぐに吐き出し、口の中をよくすすいだほうがいい。

牛が地球温暖化の原因になるほどメタンを出すのは？

地球温暖化の原因の一つに、大気中のメタンガス濃度が高くなっていることがある。そのメタンガスの発生量の2割近くを放出しているのが、牛をはじめとした家畜である。

とりわけ、家畜の中でも、メタンガスの大きな発生源となっているのは、牛を筆頭とする反芻動物。牛やヒツジの反芻胃の中には、数種類のメタン生成菌が無数に生息している。それが、二酸化炭素、水素、および蟻酸などを材料として、メタンガスを作りつづけているのだ。

しかも、牛は、胃の中で作られたメタンガスをエネルギー源としては、まったく活用していない。したがって、牛がゲップをしたときには、メタンガスが一緒に放出され、それが地球温暖化の原因となっているのである。

トンビという名の鳥はいないって、どういうこと？

鳥類図鑑に「トンビ」という鳥は載っていない。トンビの正式名称は「トビ」というのだ。

一方、「トンビに油揚げをさらわれる」ということわざがあるなど、一般には広く「トンビ」と呼ばれている。なぜ、トビはトンビと呼ばれるようになったのだろうか？

その鳥は、古くは「トビ」と呼ばれていたのだが、時代が下ると、「トビ職」や「トビ口」といった言葉が生まれた。それらの言葉と、鳥の「トビ」を区別するため、鳥のほうは「トンビ」と呼ぶようになったのではないかと考えられている。

アリはチョークで引いた線を越えられないって本当？

アリの行列のそばに、チョークで太い線を描くと、アリはその線を越えられなくなる。これは、アリがチョークの主成分の炭酸カルシウムを嫌うためとみられている。

アリは行列をつくっているとき、道しるべ用に「蟻酸《ぎさん》」という液体を分泌している。アリは遠くまで出かけても、その蟻酸の臭いをたどって巣まで帰ってこられるのだ。

ところが、蟻酸は酸性なので、アルカリ性の炭酸カルシウムと混じると、中和されて臭いが消えてしまう。すると、アリは道しるべを見失い、巣に帰れなくなってしまうのだ。そのため、アリは炭酸カルシウムを主成分とするチョークの線に近づくことを本能的に避け、一線を越えられなくなるというわけだ。

誰も聞いたことのない恐竜の声をどう〝再現〟する？

近年、恐竜の声は、コンピューターを駆使して〝再現〟されている。

これまでに、恐竜の骨が多数発掘され、声を出すのに影響する舌骨の化石や、声帯をささえる化石も発見されている。

それらを総合的に解析すれば、恐竜の声はかなりの程度、再現できていると考えられるのだ。

ネズミは本当にネズミ算式に増えるのか？

「ネズミ算」は、ネズミが一定期間内に、どれくらい増えるかを計算する方法。その答えが莫大な数になることから、数が急激に増えることを「ネズミ算式に増える」という。

実際、ネズミの妊娠期間は3週間ほど

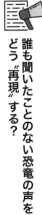

で、平均8匹の子供を産む。1対のネズミが出産をつづけ、その子孫たちも出産を続けるとすると、最初に2匹だったネズミは、1年間で9364匹にも増えるという計算になる。

ただし、これはあくまで机上の計算であり、現実はそう順調には進まない。実験によると、ネズミは途中までは数が増えていくのだが、ある日を境に死ぬネズミが急増。以後は、一定範囲内で増減を繰り返したという。

どうやらネズミも生息密度が高くなりすぎると、強いストレスを感じはじめ、体に変調をきたすとともに、繁殖能力が衰えるようである。

川で獲れる天然ウナギがオスばかりなのは？

ニホンウナギは、グアム島沖あたりの深海で産卵、約2年間でシラスウナギ（稚魚）となり、黒潮に乗って日本の川にたどりつく。そして、1年半でニホンウナギの成魚に成長する。日本の川で天然ウナギとして捕まえられるのは、その時期である。

その天然ウナギは、すべてオスである。ウナギは雌雄同体であり、川にいる時期はオスとしての生殖腺が発達する時期だからだ。つまり、ウナギはオスになったり、メスになったりしながら成長し、海に戻って産卵する頃には、メスの生殖腺が発達してメスに変わるのだ。

なお、産卵のため、川を下るウナギを「下りウナギ」と呼ぶが、その時期のウナギは精巣と卵巣をともに備えている。

雷が池に落ちたら、魚はどうなる？

雷は、陸地だけでなく、海や湖にも落ちる。実際、泳いでいる際、水面に雷が落ちて、命を落としたり、大ヤケドを負った人もいるものだ。すると、水中を泳いでいる魚たちも、落雷によって感電することがあるのだろうか？

雷が海や湖に落ちた際、電気は水中深くには届かず、水面を流れる。だから、水面に雷が落ちても、水中を泳いでいる魚はほとんど影響を受けず、まれに水面近くを泳ぐ魚が被害を受ける程度だという。

一方、人間は水面を泳いでいるので、落雷の被害に遭うというわけだ。

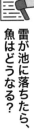

ドッグフードとキャットフードのちがいは？

ドッグフードとキャットフードは、見た目はよく似ているが、犬用を猫に与えたり、猫用を犬に与えてはいけない。

もともと、犬と猫では食性が異なる。犬は雑食、猫は肉食を中心とする動物なのだ。だから、肉食の猫は、犬よりも多めのたんぱく質やアミノ酸を必要とする。

たとえば、猫にとってタウリンは必須のアミノ酸で、不足すると、目の網膜に異常をきたしてしまう。だから、キャットフードには、タウリンが添加されている。

ドッグフードには、そうした猫に必要な栄養素が加えられていないため、猫にドッグフードを与えたりすると、やがて猫は体調をくずしかねない。

タコは、何のために タコ踊りをするのか？

タコは、海中で足をクネクネと動かしている。なぜタコは〝踊る〟のだろうか？

タコが〝踊る〟のは、吸盤の古い皮膚をこすり落とすため。海底で休むとき、タコは海流があっても流されないように、吸盤で岩などにひっついている。また、外敵に襲われたときには、吸盤で相手の体にくっつき、相手の動きを止めようとする。

そのように吸盤を使っているうち、吸盤表面の皮膚が傷んでくる。傷むと吸着力が落ちるため、タコは、古い皮膚を落とすため、足をこすり合わせるのである。すると、吸盤の表面は短期間で新たな皮膚でおおわれる。

ペンギンは意外に脚が長いって本当？

ペンギンといえば、短い脚でひょこひょこ歩くというイメージがあるが、じつはペンギンの脚の長さは体長の4割ほどもある。

ペンギンは、鳥の中では、むしろ脚の長い部類にはいるのだ。

実際、ペンギンの脚のうち、外から見えているのは、人間でいえば足首から下程度。その上にスネとヒザがあり、大腿骨があるのだ。ペンギンの脚が短く見えるのは、スネから上が羽毛の下に隠れているからである。

飢えている猫は、熱いものでも食べられる？

猫は猫舌のはずだが、熱いものがまったく食べられないわけではない。人間同様、熱いものを食べつづけていると、じょじょに慣れて、相当熱いものでも食べられるようになる。

たとえば、飢えた野良猫は、熱いものはダメとか、冷たいものは嫌いとかいっていられない。命がかかっているから、熱いものでも食べる。そのうち、少々熱いものでも、平気で食べられるようになる。

なお、自然界に煮炊きした料理はない

ので、猫に限らず、動物はすべて「猫舌」である。

夜行動物を昼間育てたらどうなるか？

フクロウやムササビなどの夜行動物を生まれたときから、昼間に育てたらどうなるのだろうか？

結論からいえば、夜行動物のなかには、昼間にエサを与えるなど、生活パターンを昼型にすると、昼間行動するようになるものもある。しかし、フクロウやムササビは、視覚の構造上、行動パターンをまったく変えることは難しい。

フクロウやムササビの目は、弱い光にも反応をするようにできているので、昼間はまぶしすぎて、目を開けていられないのだ。そのため、フクロウやムササビを昼間育てても、エサをもらえるときには起きるが、残りの時間は寝て過ごし、日が暮れてから活動しはじめるというパターンになるとみられる。

東京生まれ大阪育ちの渡り鳥は、翌年はどちらに帰る？

渡り鳥は、生まれ育った土地に帰ってくるといわれるが、では、たとえば東京生まれの渡り鳥を大阪で育てると、翌年はどちらに帰ってくるのだろうか？

答えは、約半数が生まれた東京へ帰

り、残りの半数が育った大阪へ帰るとみられている。

この実験は、かつてヨーロッパで行われたことがあり、イギリス生まれのマガモのヒナをフィンランドで育てて放したところ、翌年、約半数がイギリスへ、約半数がフィンランドへ帰ってきたのである。

ただし、その理由はまだ明らかになっていない。そもそも、渡り鳥がなぜ遠く離れた土地から帰ってこれるかも判然としていない。

地磁気などを利用しているのではないかと推測されているが、はっきりしていない。

カラスが煙突のてっぺんに止まるのは？

カラスが銭湯などの高い煙突の上に止まっていることがある。とりわけ、カラスが煙突にやってくるのは、雨上がりの日。鳥類学者によると、「煙突の煙で羽を乾かせる」のが、カラスの目的だという。また、身体についた寄生虫を煙によっていぶして退治しているともいわれる。

12 植物

高山植物はなぜ寒さに耐えられるのか？

ヒマラヤ山脈の海抜6000メートル付近にも、植物は生息する。

ただし、その地帯では、植物は1年のうち、長い期間を種子として土中で過ごしている。そして、短い雪解け期間に急生長し、結実する。そうしないと、植物にも〝凍死〟の危険があるのである。

事実、温暖な地の植物は、零下の温度が続くと、細胞内の水分が凍り、細胞が壊れ、凍死してしまう。高山植物が凍死しないのは、細胞内に塩類が多く、水分が凍りにくいように防御しているからだ。

　また、高山植物には、茎や葉が毛で覆われ、寒さを防いでいるものが多い。さらには、多くの植物が1カ所に集まって葉を重ね合わせ、寒さから身を守るタイプもある。

植物が緑色をしているのはどうして？

　陸上植物のほとんどは緑色をしている。そのそもそもの理由は、大昔、水中植物のうち、緑藻類が上陸を果たしたからである。緑藻類は、海の浅いところでしか生息できなかったため、陸地に近いところにいた。それが幸いして、ライバルの他の藻類を押さえ、上陸できたのだった。

　緑藻類のライバルは、海の深層にいる紅藻類と中間層にいる褐藻類。紅藻類と褐藻類は、ともに光合成の能力が高く、生息場所をあえて変える必要がなかったため、海にとどまった。

　一方、緑藻類は、進化の過程で、光合成により多くの光を必要とするようになり、太陽光線の届きやすい海の浅いところに進出した。

　そこまでくれば、陸上まであと一歩。やがて緑藻類は陸に上がり、その子孫が繁栄して、森や山は緑に染まることになったのである。

ニュートンのリンゴが日本国内に700本もあるのは？

ニュートンといえば、リンゴが木から落ちるのを見たことをきっかけに、万有引力の法則を発見したというエピソードで有名。その「ニュートンのリンゴの木」の子孫が、日本に渡ってきていることをご存じだろうか？

ニュートンのリンゴの子孫が植えられているのは、東京大学付属の小石川植物園。1964年に、イギリスから贈られたものだ。その後、さし木や接ぎ木によって、この木のクローンが盛んに作られるようになり、全国各地の学校や研究機関、自治体などに譲渡された。記録に残っている木だけでも、34都道府県に200本以上。再譲渡は禁止されていたが、現在では無断譲渡分も含め、700～750本に増えているとみられる。

植物はなぜ〝立って〟いられる？

植物は、脊椎動物のような背骨を持っていない。いわば柱のない状態なのだが、それでもずっと立っていられる秘密は、その細胞壁にある。

植物の細胞は、動物とちがって細胞壁に覆われている。その細胞壁は固く、簡単には破れない。加えて、細胞内には水分が詰まっていて、内から細胞壁を支える構造になっている。細胞壁に外から圧力がかかったときには、細胞内の水分が圧力を押し返す働きをするのだ。植物は、そんな構造の細胞壁の集合体であり、大木も細胞壁を積み上げることによって、大地に立っていられるのだ。

「草いきれ」の臭いって何？

夏の盛り、草むらに近づくと、ムッとするような青ぐさい臭いが鼻をつくものだ。いわゆる「草いきれ」だが、これは植物が自己防衛のために発する臭気といっていい。

臭いの成分は、不飽和脂肪酸のαリノレン酸とリノール酸。ともに植物のみがつくる不飽和脂肪酸で、春から夏にかけて気温が高くなると、酵素の活発な働きにより、多量に発生するようになる。

草いきれの臭いには殺菌力があり、ゴキブリなどに長時間嗅がせると、ゴキブリが死んでしまうという実験報告もあるほど。植物は、αリノレン酸などを発生させて、害虫などから身を守っているのだ。

マングローブが海の中でも成長できるのは？

マングローブとは、海水をかぶるよう

な環境でも育つ植物の総称。そう呼ばれる単独の品種があるわけではない。それにしても、なぜ、この種の植物は、潮水で皮がふやけたり、根腐れを起こさないのだろうか？

塩水に耐えられるのは、マングローブには塩水をとりのぞく機能が備わっているから。

大きく分けて、二つの仕組みを備えていることがわかっている。

ひとつは、根で塩分をこして、真水だけを吸収するという仕組み。もうひとつは、根から吸い上げた塩水を、葉の「塩類腺」の機能によって塩分を外に排出する仕組みだ。

とうもろこしに、ちがう色のツブが混じるのは？

1本のトウモロコシに、ちがう色の粒が混じっていることがある。これは「キセニア」と呼ばれる現象だ。品種をかけあわせたとき、父方（花粉）に強い遺伝性の形や性質があると、それが母親（種子）にあらわれる性質をこう呼ぶ。

トウモロコシの場合は、頂上にオスの穂が出て、そこから花粉を飛ばすのだが、そのとき異なる品種の花粉が飛んできて受粉すると、簡単にそれぞれの性質が交じり合ってしまう。全身が黄色いはずのハニーバンタムに、赤紫などのツブがまじったトウモロコシができてしまうのはこのためだ。

とりわけ、家庭菜園などでは、いろいろな人がちがう種類のトウモロコシをつくっているので、キセニアが起きる確率が高くなる。

サクラの葉は匂わないのに、桜餅の葉はなぜいい匂い？

桜餅を包んでいる塩漬けの葉からは、いい香りがする。しかし不思議なことに、花見のシーズンに桜並木を歩いても、あの香りは漂ってこない。なぜだろうか？

桜餅の葉の香りをもたらすのは「クマリン」という成分。この成分は、ナマのサクラの葉には存在しない。サクラの葉を塩漬け加工しているうちに、酵素の働きで、クマリンへと変化するのである。

なお、桜餅には、色合いと風味のよさから、オオシマザクラの葉がよく使われている。国内で流通している葉の約80％は伊豆地方産のオオシマザクラの葉だ。

植物はどうやって〝近親結婚〟を回避している？

植物が花を咲かせると、花粉が雌しべの柱頭に運ばれ、受粉する。そのとき、同じ花の中にある雄しべと雌しべが最も受粉しやすいように思えるが、多くの植物は自家受粉を避け、他家受粉を行うメカニズムを備えている。植物も、人間でいう近親婚を避けるシステムを備えているのだ。

また、植物は、自家受粉を避けるためのシステムも備えている。同じの花の中での受粉では受精には至らないタイプもあれば、同じ花の中で雄しべと雌しべの生長期がずれている植物もある。

チューリップが昼頃に咲くのはどうして？

チューリップは温度変化に敏感な花で、温度によって花を開いたり、閉じたりする。昼近くになって気温が10℃以上になると、花びらの付け根部分で、内側の細胞の成長速度が外側の細胞より速くなる。そのため、花弁を内側から外側に押し倒すような感じで花びらが開く。

逆に、夕方になって気温が下がると、細胞は縮み、花びらは閉じていく。チューリップは温度によって開いたりしぼんだりする花の代表格だ。

エノキダケはなぜ白い？

野生のエノキダケは、傘の部分が栗色、柄の部分は褐色。スーパーに並んでいる白いエノキダケは、人工的に栽培されたものであり、その歴史は昭和20年代末にさかのぼる。

白いキノコをつくるため、暗いところで栽培し始めたのだが、最初の頃は茎の付け根あたりは褐色だった。純白キノコが生まれたのは、60年代に入ってからのこと。光に当たっても真っ白に育つ新品種が開発され、その後、この純白系品種が栽培されてきた。

竹が背ばかり伸びて、横に太くならないのは？

通常、樹木は生長すると幹が太くなるが、竹は幹が太って〝巨竹〟になることはない。たとえば、ミャンマーなどに生育する大麻竹は、高さ30メートルを超えるものもあるが、太さは30センチ程度だ。竹が太くならないのは、なぜだろうか？

樹木には、維管束に形成層と呼ばれる組織があり、その細胞が活発に分裂活動をすることで幹が太くなっていくが、竹にはこの形成層が存在しない。そのため、丈は伸びても、太さはスリムなままなのである。

常緑樹の葉はいつ落ちる？

冬になっても葉を落とさない樹木を「常緑樹」というが、葉をまったく落とさないわけではない。たとえば、クスノキ、カシなどの常緑広葉樹は、4〜6月が新旧交代の時期にあたる。新しい芽がではじめるとともに古い葉を落とし、1週間くらいのあいだにすべて新しい葉に入れ替わる。

一方、マツなど常緑針葉樹の仲間は、10月〜12月にかけて古い葉から順番に落ちていく。といっても、種類によって葉の寿命は異なり、アカマツは2年、ヒノキは6年ほどで老化したものから落ちる。

無重力状態で、木はどう伸びる？

地上では、たとえばマツを横向きに植えても、やがて幹は天に向かって伸び、根は地中に向かって伸びていく。マツに限らず、植物は重力を感知しながら、植物ホルモンの濃度を調節。茎は天に向かって、根は地中へ向かって伸びるようになっている。

では、無重力状態で木を植えると、どう伸びていくのだろうか？　じつは、このテーマ、スペースシャトル内の実験室で、レンズマメを使って調べられたことがある。

すると、根の伸びる速さは通常と同じだったが、根の伸びる方向は迷走状態となった。つまり、無重力状態では、根は進むべき方向を見失ってしまったのである。しかし、遠心力によって重力をかけると、根はいつも通り重力の方向に伸びていった。

植物が重力を感じ取るセンサーは、根の根冠《こんかん》の部分や、茎の維管束鞘《いかんそくしょう》の部分などにある平衡細胞。この細胞の中にある平衡石が沈むことで、植物は重力方向を感知する。

無重力状態に置かれたレンズマメの細胞を見ると、この平衡石の位置が通常とは異なっていたという。

海藻はヒ素を含んでいるのに食べられるのは？

海水には1トン当たり、亜ヒ酸とヒ酸を合わせて、3ミリグラム程度のヒ素が含まれている。海産物にもヒ素は含まれ、その濃度はひじょうに高い。たとえば、コンブは海水の5万倍ものヒ素を含んでいる。

それなのに、人間が食べられるのは、人体には害のない形のヒ素物質として含まれているからである。

海藻が含むヒ素の大半は「ヒ素糖」など、炭素原子をもつヒ素化合物で、人間が食べても消化できない。口から取り入れても、そのまま出ていくだけなので、人体がヒ素の毒性に反応することはない。だから、コンブをいくら食べても安心というわけだ。

トウモロコシの粒の数がかならず偶数になるのは？

トウモロコシの粒の数はかならず偶数になる。偶数になるのは、トウモロコシを輪切りにしたとき、周囲に並ぶ粒の数。トウモロコシの太さによって、一周16粒だったり、18粒だったりするのだが、かならず偶数になるのだ。

そうなる秘密は、トウモロコシの成長過程にある。トウモロコシは、茎にできるメス穂が成長したもので、まだ成長していない段階では小穂と呼ばれる。小穂の粒の数は奇数であったり偶数であったりするのだが、小穂の粒は成長する過程で、かならず二つに分裂していく。だから、最初は奇数であっても、最終的にはかならず偶数になるのである。

天然林よりも人工林のほうが、害虫が増えやすいのは？

林には、天然林と人工林の二種類がある。そのうち、林を食い尽くす害虫は、人工林で大繁殖しやすい。

人工林が害虫の巣になりやすいのは、人工林の多くが一種類の樹木からなる単純林だから。樹木の種類の多い天然林には、数多くの種類の虫が棲みつくが、単純林では生き残れる虫の種類が限られるので、虫どうしの食物連鎖がとだえ、樹木を食べて生きられる害虫だけが生き残ってしまうのだ。

最近、四つ葉のクローバーが増えているのは？

「四つ葉のクローバーは幸せを呼ぶ」といわれるが、クローバーはふつうは三つ葉。四つ葉になるのは一種の突然変異であり、昔は探してもなかなか見つからないものだった。

ところが近年、四つ葉のクローバーが増えつづけている。四つ葉どうしで交配を繰り返すと、四つ葉の出現率が高まるのだ。要するに、〝品種改良〟によって増やされていて、現在は量産が可能で商品化もされている。

タンポポが夏に咲くようになったのは？

タンポポはいまや大都市圏では、春ではなく、夏に咲く花になってきている。

じつは、春に花をつけるのは在来種の「カントウタンポポ」で、夏に咲くのは欧米から伝わった「セイヨウタンポポ」。近年は、大都市部でセイヨウタンポポが勢力を広げているのだ。

セイヨウタンポポが勢力を伸ばしているのは、1株だけで種子ができること。そのため、風で飛ばされた種子が、道路脇やビルの谷間で芽をだし、花を咲かせ、単独で繁殖していけるのだ。一方、カントウタンポポは、数株なければ種子ができないので、大都市圏ではセイヨウタンポポに生息エリアを奪われつづけているのである。

きれいなボケの花が「ボケ」呼ばわりされるのは？

ボケは、白や赤など、色とりどりの花を早春に咲かせる植物。きれいな花だが、なぜ「ボケ」などという名をつけられたのだろう？

もともと、平安時代に中国から伝わったボケは、果実が瓜に似ていたので「木になる瓜」ということで「木瓜」と書いて「もっか」と呼ばれるようになる。やがて、「もっか」→「ぼっけ」となまり、「ぼけ」と呼ばれるようになったのだ。

植物を水以外の飲料で育てるとどうなるか？

植物には水が必要だが、では植物に水以外の水分、ジュースや牛乳などを与えるとどうなるのだろうか？

実験によると、カイワレダイコンの種子を水で育てると、1週間くらいで食べられる状態になるが、ジュースや牛乳を与えると、1週間経ってもまったく変化しなかった。ウーロン茶を与えたものは、発芽し、少しは成長したものの、途中で葉が枯れたという。

花束は下向きに持ち歩いたほうがいいのは？

花束を持ち歩くときは、下向きにしたほうがいい。そのほうが、花の鮮度が落ちにくいのだ。

花や果実、野菜などはエチレンという物質を発している。エチレンは別名「成熟ホルモン」と呼ばれ、植物の鮮度を落とす働きがある。そのため、花の鮮度を落さないためには、エチレンの発生量を抑えることが必要になる。

花を下向きに持つと、重力の関係で、水分が花の先端部分に集まる。すると、エチレンの発生が抑制されるのだ。生花店で花束を作るとき、茎をたっぷりと湿らせるが、これもエチレン抑制対策のひとつだ。

ヒマラヤ杉は杉ではないって本当？

ヒマラヤ杉は、ヒマラヤ山脈西部原産の樹木。建築材に適していることから、寺院の建材としても利用されてきた。

ところで、このヒマラヤ杉、名前に「杉」とあることからも、杉だと思っている人が少なくないだろう。しかし、植物の分類上は松である。

12 植物

ヒマラヤ杉は、松にもかかわらず、木がまっすぐに生長し、葉の長さも3、4センチになる。むしろ、スギ科の特徴に近いため、「杉」と名づけられたようだ。

なお、中近東に分布するレバノン杉も、じつは「松」である。

草食動物が毒草を食べるとどうなる？

人が毒草や毒キノコを食べると、食中毒になったり、命を落とすこともある。植物を常食している草食動物も、毒草を食べると、ときに体に変調を来すことがある。

たとえば、アシビという有毒植物は、漢字で「馬酔木」と書く。人がアシビを食べると、手や足がしびれるが、ウマも同様に手足がしびれ、酒に酔ったようなフラフラの状態になる。そういう場面を見た人が「馬酔木」という漢字を当てたようだ。

ただ、一般的に、草食動物は有毒植物の見分け方を心得ているようで、ほとんど食べることはない。彼らも人間同様、見分ける力を身につけてきたのだろう。毒草を食べて痛い目にあううち、見分けける力を身につけてきたのだろう。

砂丘の砂が、黄砂のように飛ばないのは？

毎春、中国大陸から黄砂が飛んでく

る。黄砂の発生地は、中国内陸部のタクラマカン砂漠やゴビ砂漠、黄土高原などの乾燥地帯。

強風で巻き上げられた砂塵が上昇気流に乗って、高度５００メートル〜２キロまで上昇、偏西風などによって日本列島へ運ばれてくる。

一方、鳥取砂丘など日本の砂丘の砂は強風が吹いても、遠くまで飛ぶことはない。せいぜい「風紋」を描くぐらいで、鳥取砂丘の範囲を超えて飛んでいくことはない。

これは、鳥取砂丘の砂粒が、黄砂よりもずっと大きいからである。

鳥取砂丘の砂の粒は直径が０・35ミリ前後。

一方、黄砂の粒の直径は０・００４ミリ。黄砂は砂粒というより、塵に近い存在なのだ。

青春文庫

雑談《ざつだん》のネタ本《ほん》
みるみる相手《あいて》をクギ付《づ》けにする

2016年 8月20日 第1刷

編　者　話題《わだい》の達人倶楽部《たつじんくらぶ》
発行者　小澤源太郎
責任編集　株式会社プライム涌光
発行所　株式会社青春出版社

〒162-0056 東京都新宿区若松町 12-1
電話 03-3203-2850（編集部）
03-3207-1916（営業部）　印刷／大日本印刷
振替番号 00190-7-98602　製本／ナショナル製本
ISBN 978-4-413-09651-5

お客に言えない！モノの原価㊙事典

新進気鋭のあのサービスから、話題のあの商品まで……「お客に言えない」値段のカラクリがまるごとわかる原価大辞典。

㊙情報取材班［編］

(SE-648)

子どもはあなたに大切なことを伝えるために生まれてきた。

「胎内記憶」からの88のメッセージ

「胎内記憶」研究の第一人者が教える親も子も幸せになる出産・子育てのヒント

池川　明

(SE-649)

幸運の根っことつながる方法

浄化するほど幸運スパイラルが回り始める

5000人の心を癒したセラピストが贈る。不安や嫉妬、怒り、焦りなど…自分の中から不要なものすべてを解放するための実践法

菊山ひじり

(SE-650)

みるみる相手をクギ付けにする雑談のネタ本

ガソリンスタンドの屋根が高いのは？ ハンマーを投げないのに、どうしてハンマー投げ？……ほか究極の雑学本!!

話題の達人倶楽部［編］

(SE-651)